인문으로 통찰하고 감성으로 통합하라

인문으로 통찰하고 감성으로 통합하라

지은이 | 조윤제

초판 1쇄 발행 | 2012년 7월 27일

발행처 | 도서출판 작은씨앗
공급처 | 도서출판 보보스
발행인 | 김경용

등록번호 | 제 300-2004-187호   등록일자 | 2003년 6월 24일

주소 | 서울시 서초구 서초동 1355-17 서초대우디오빌 1008호
전화 | (02) 333-3773   팩스 | (02) 735-3779
이메일 | ky5275@hanmail.net

ISBN 978-89-6423-145-6 13320

값은 뒤표지에 있습니다.
잘못된 책은 구입하신 서점에서 바꾸어 드립니다.

이 도서의 국립중앙도서관 출판시도서목록(CIP)은 e-CIP홈페이지(http://www.nl.go.kr/ecip)와
국가자료공동목록시스템(http://www.nl.go.kr/kolisnet)에서 이용하실 수 있습니다.
(CIP제어번호: CIP2012003156)

인문으로
통찰하고
감성으로
통합하라

조윤제 지음

서문
통찰하고 통합하는 미래 인재를 바라며

 몇 해 전 서울대학교 학생들을 대상으로 '미래 리더십의 필수 요소로 가장 먼저 떠오르는 단어'를 묻는 조사를 했을 때, 그에 대한 대답의 1, 2위는 바로 '통합'과 '통찰'이었다. 그 당시 상당히 통찰력 있는 대답이라고 생각했지만 한 가지 의문이 드는 것은 어쩔 수 없었다. 바로 "어떻게?"라는 의문이었다. '통합'이나 '통찰'이라는 능력은 학교에서의 교육으로는 도저히 배울 수 없는 것들이라는 생각이 들었기 때문이다. 오직 입시를 목표로 하는 중·고교 시절은 물론이고 대학생이 되어서도 마찬가지다. 눈앞에 닥친 취업이라는 문제 때문에 전공분야의 공부는 물론 소위 스펙을 만드는 시간도 모자란 현실에서 정확한 개념조차 알기 어려운 능력을 몸에 갖추기는 분명 어려운 일이 아닐 수 없다.
 그렇다면 통합과 통찰이란 무엇일까? 먼저 그 개념을 간단히 정의해보자.

통찰이란 '표면 아래에 있는 진실을 볼 수 있는 능력'으로 이런 능력이 있는 사람은 남들이 하지 못하는 창의적인 생각을 하고 현실을 정확하게 직시하며 바람직한 미래를 위한 비전을 갖게 된다.

그리고 통합이란 '개방된 마음으로 다양한 분야에 관심을 갖고 조화롭게 결합하여 새로운 것을 만들어내는 능력'으로 사람들을 하나로 묶어 조직이나 회사의 목표를 위해 한 방향으로 나아가게 하는 능력을 말한다.

이런 정의를 두고 보면 우리는 이 두 가지 능력이 미래의 인재뿐 아니라 시대와 직위에 관계없이 누구에게나 꼭 필요한 능력이라는 것을 알 수 있다. 그러면 이런 능력은 어떻게 갖출 수 있을까? 나는 그 해답을 얼마 전 타개한 스티브 잡스가 제시해주었다고 생각한다. 21세기 최고의 창의적인 기업, 애플을 이끌었던 스티브 잡스는 기술자로도, 경영전문가로도 정의되기가 어려운 사람이다. 대학은 졸업하지 못했지만 그는 남들이 보지 못하는 것을 보는 통찰력과 다양한 분야를 통합하여 혁신적인 제품을 만들어내는 능력을 가지고 있었다. 그리고 그는 그 능력을 뒷받침하는 두 가지 요소를 강조한다. 바로 인문학과 감성이다. 그는 인문학을 통하여 첨단기업을 이끌어가는 통찰력을 얻을 수 있었고, 첨단기술에 감성을 통합하여 사람의 마음을 매혹시키는 제품을 만들 수 있었던 것이다.

인문과 경영, 기술과 예술, 그리고 제품과 감성을 결합하여 우리 시대 가장 혁신적인 기업가가 된 스티브 잡스가 인문학과 감성의 필요성을 역설하자 우리의 눈은 번쩍 뜨였다. 그동안 학문을 위한 학문, 있으면 좋겠지만 없어도 사는 데 큰 지장이 없다고 생각했던 것들이 성공의 가장 핵심적인 요소라는 사실이 증명되자 모두의 관심이 촉발된 것이다. 그리고 이런 관심 어린 눈으로 돌아보자 IT시대 탁월한 능력을 보여 왔던 사람들의 기반이 바로 인문학과 감성능력이라는 사실을 깨닫게 되었다. 스티브 잡스뿐 아니라 마이크로소프트사의 창업자 빌 게이츠, 구글의 세르게이 브린과 래리 페이지, 페이스북의 마크 주커버그 등 21세기 젊은 기업가들의 놀라운 창의력은 모두 인문학을 기반으로 하고 있었다. 그리고 인류 문명의 발전을 이끈 과학자들과 예술가, 역사를 바꾼 위대한 정치가들 역시 어릴 적부터 몸에 익혀온 인문학적 교양과 탁월한 감성능력이 밑바탕이 되었다는 것을 알게 된 것이다.

우리 사회가 그동안 인문학의 필요성을 알면서도 별 관심을 두지 않은 것은 그 실용성에 대한 의구심 때문이라고 할 수 있을 것이다. 인문학은 입시와 취업에 큰 도움이 되지 않는다는 편견에 어디에서도 환영받지 못하는 학문이었다. 하지만 인문학은 머리에 쌓아두는 단순한 지식이 아니라 자신의 일과 삶에 제대로 적용할 수만 있다면 우리의 상상을 초월하는 결과를 낳을 수 있다. 그리고 실제로 인문학은 요즘과 같은 변화의 시대에 가장 실용적인 학문이라고 할 수 있다. 우리가 소위 첨단 기술이라고 하는 지식들은 조금 시간이 지나면 모두 지나간 지식, 즉 과거의 지식이 되고 만다. 하지만 수천 년간 변하지 않고 이어 내려온 학문은 아무리 시간이 흘러도 결코 변하지 않는 지혜를 우리에게 준다. 한 번 체득하면 평생 나의 것이 되는 학문, 그것이 바로 인문학이다. 감성능력 또한 마찬가지다. 감성능력은 스스로의 상태를 인식하고 동기부여를 할 수 있는 능력이며, 다른 사람을 이해하고 공감하며 협동하는 개인적·사회적 능력이다. 그리고 우리는 이런 능력을 통해 자신의 생각을 감동적으로 표현하고 다른 사람에게 공감을 주고 창의적인 사고를 통해 남다른 결과를 만들어낸다. 알고 보면 가장 실용적이고 성공에 가장 밀접한 요소들인 것이다.

하지만 안타깝게도 이런 인문학적 교양과 감성능력은 우리가 그동안 해왔던 공부 방식으로는 쉽게 배울 수가 없다. 단순히 머리에 지식을 쌓는 공부와는 달리 끊임없는 사색과 독서를 통해 '나'를 변화시켜야 얻을 수 있는 능력인 것이다. 그래서 대학에서 인문학을 가르치는 교수들은 지신들은 인문학을 가르치는 것이 아니라 학생들이 혼자 공부할 수 있도록 길만 인도할 뿐이라고 말한다. 오래전 철학자 칸트 역시 "철학은 가르칠 수 없다. 다만 '철학하기'를 가르칠 수 있을 뿐이다"라는 말을 통해 철학의 학문적 내용, 그 자체보다는 혼자 하는 생각과 사고의 프로세스를 찾아야 한다고 강조했다.

결국 인문학적 교양과 감성능력을 체득하려면 혼자 하는 공부가 뒷받침되어야 하는 것이다.

나 역시 이 책을 쓰면서 혼자 고민하는 많은 시간을 거쳐야 했다. 많은 책들을 읽고, 뛰어난 사람들의 생각을 끊임없이 접하면서 불안하고 혼란스러운 이 시대에 과연 우리 젊은이들에게 꼭 필요한 능력은 무엇일까, 하는 질문에 대한 해답을 갈구했다. 그래서 통찰과 통합이라는 두 가지 핵심요소를 찾았고, 그것을 제공해주는 동력으로서 인문학과 감성능력을 생각하게 되었다.

이 책이 인문학적 통찰력이 넘치고, 통합하는 감성능력이 있는 미래 인재를 만드는 데 조금이라도 도움이 되었으면 한다.

차례

제1장 디지털 시대, 아날로그 파워를 키워라
Know-why의 시대가 되었다　13
통찰력 있는 통합형 인재가 되라　17

PART 01 인문으로 통찰하라

제2장 인문학이 통찰의 기반이다
서로 다른 두 분야가 만나는 순간, 통찰의 스파크가 튄다　25
인문학이 세상에 주는 것들　28
인문학적 기반이 통찰력을 키운다　31

제3장 미래를 예측하는 인문학적 통찰력
역사를 통해 미래를 예측하다　42
고전을 통해 미래를 통찰하다　54

제4장 경제적 통찰력을 키워주는 인문학
부자가 되려면 인문학을 공부하라　64
기업의 미래를 결정하는 통찰력　71

제5장 통찰력을 키우는 인문독서법
천재를 만드는 존 스튜어트 밀 식 독서법　80
통찰력을 키우는 인문독서법　88
통찰력, 이렇게 키워라　114

PART 02 감성으로 통합하라

제6장 감성능력을 키워라
통합의 시대가 되었다 **149**
21세기 성공은 감성능력에 달렸다 **156**
감성으로 리드하는 리더들 **167**

제7장 미래 인재를 위한 3가지 감성능력
매혹시켜 끌어당기는 감성, 디자인 감각을 키워라 **183**
소통하는 감성, 스토리를 만들어라 **198**
창의력을 만드는 감성, 놀이 감각과 유머능력을 키워라 **221**

제8장 우리 삶의 가치가 되는 감성능력, '의미'를 찾아서
우리는 무엇을 위해 사는가 **233**
아름다운 기업이 이긴다 **237**
삶의 의미, 일의 의미를 찾아라 **239**

끝으로
통찰과 통합 능력을 키우기 위한 사고 및 생활 습관 **243**

제1장
디지털 시대, 아날로그 파워를 키워라

- Know-why의 시대가 되었다
- 통찰력 있는 통합형 인재가 되라

Know-why의 시대가 되었다

산업화 시대 이후 우리 사회를 지배하던 가장 강력한 가치 중의 하나는 Know-how였다. 근로자들은 '어떻게 해야 하는지'를 아는 것이 가장 필요했고, 그래서 모든 교육도 기술이나 전문지식을 가르치는 데 집중했다. 기업에서도 마찬가지로 오직 기술력이 앞서는 곳이 치열한 경쟁에서 항상 승리자가 되었다. 그래서 제품 광고에서도 남보다 뛰어난 기술을 강조하는 데 집중했고, 소비자들 역시 첨단 기술력을 갖춘 기업과 제품을 압도적으로 선호했다.

하지만 지식전문가의 시대, 정보가 넘쳐나는 IT시대가 되면서 '가장 쓸모 있는 정보가 어디에 있는지를 아는 것', 즉 엘빈 토플러가 말했던 '유용지식'을 골라낼 수 있는 능력인 Know-where가 필요하게 되었다. 그리고 전문지식이 더욱 심화되고 다양한 지식의 융합을 통해서만이 더 큰 발전을 이룰 수 있는 시대가 되면서, 아웃소싱

할 수 있는 최고의 전문가를 찾는 Know-who 역시 가장 필요한 가치 중의 하나가 되었다. 정보화 시대에는 나를 필요로 하는 곳이 어딘지를 찾아 나의 전문지식을 빌려주고 나에게 필요한 다른 전문지식을 가진 사람을 찾아 활용할 수 있는 능력이 필요한 것이다.

그리고 최근 후기 정보화 시대, 엄청난 변화와 속도의 시대로 접어든 요즘 성공을 위한 또 하나의 핵심적인 가치가 필요하게 되었다. 바로 Know-why다. Know-why란 '왜'를 알고 추구하는 것, 즉 끊임없는 질문을 통해 자신이 하고자 하는 일과 살고자 하는 삶의 목적과 의미를 정확하게 아는 능력이다. 이것은 공부에 있어서도 마찬가지다. 『근사록(近思錄)』에는 '배운다는 것은 의문을 풀어가는 것이 중요하다. 먼저 자신이 가진 의문을 해소하고, 그 다음 의문이 없던 곳에서 의문을 갖게 되는 것이 배움의 진전이다'라는 말이 실려 있다. 배움 역시 끊임없는 질문을 통해 해답을 찾아가는 과정인 것이다.

Know-why를 추구하는 것은 한마디로 이야기하면 뚜렷한 삶의 철학이 있는 사람이 되는 것이다. 올바른 가치관을 찾아서 추구하는 자세이며 변화의 시대에 변하지 않는 진실, 군더더기가 아닌 핵심을 찾을 수 있는 능력이다. 개인의 삶은 물론, 기업을 운영힐 때도, 제품을 만들 때도 마찬가지다. 개인에게 왜 사는지, 무엇을 위해 사는지가 중요하다면 기업의 경영자 역시 왜 기업을 운영하는지, 왜 이 제품을 세상에 탄생시켜야 하는지를 아는 것이 가장 중요한 덕목이 된 것이다. 단순히 성공하기 위해서, 단순히 이익을 창출하기 위해서라는 이유로 승부한다면 적당히 먹고사는 데는 지장이 없을지 모르지만 최고의 가치를 만들 수는 없다.

'왜'를 통해 본질을 찾아가는 것의 뿌리는 고대 그리스의 철학자 소크라테스까지 거슬러 올라간다. 제자인 플라톤의 『대화편』의 주인공으로 등장하는 그는 질문을 통해 상대방을 무력화시키고, 감춰져 있어서 아무도 보지 못했던 본질을 찾아내 모두의 공감을 얻어낸다. 이러한 그의 능력은 최근에 와서 우리 시대 가장 혁신적인 경영자들에게 인용된다. 우리가 잘 아는 잭 웰치로부터 시작해 스티브 잡스, 이건희로 이어지는 것이다. 잭 웰치는 피터 드러커로부터 받은 두 가지 질문, "만약 당신이 그 사업을 하고 있지 않다면 지금이라도 뛰어들겠는가?" "그 사업을 어떻게 하겠는가?"를 붙잡고 경영을 한 결과 세계적인 기업 GE의 전성기를 이끌어낸다. 우리가 잘 아는 스티브 잡스 역시 마찬가지다. 인문학과 경영을 접목하여 획기적인 성공을 이끌어낸 그 역시 "소크라테스와 점심 식사를 함께 할 수 있으면 우리 회사가 가진 모든 기술도 아깝지 않다"고 할 정도로 소크라테스의 열렬한 팬이다. 그는 끊임없는 '왜'를 통해 기업을 이끌었다고 해도 과언이 아니다. 매일 아침 거울에 비친 자신에게 "만약 오늘이 인생의 마지막 날이라면 오늘 하고자 하는 일을 하고 싶은가?"라는 질문을 던졌고, 이런 질문을 통해 모든 사람들의 상상을 넘는 첨단 제품을 만들 수 있었다. 삼성전자의 이건희 회장도 마찬가지다. 그는 소크라테스의 질문법을 통해 자신이 하고 있는 사업의 본질을 찾아내었고, 자신이 찾은 본질을 토대로 세계적인 기업 삼성전자를 일구어낼 수 있었다.

그러면 이처럼 이 시대 가장 성공적인 인물들의 핵심적인 가치가 되는 Know-why의 능력은 무엇으로 얻을 수 있을까? 충분히 짐작하고 있겠지만 바로 인문학과 감성능력이다. 인문학이 바로 '왜'를 통해 본질을 찾게 하며 변화하는 시대에 가장 변화하지 않는 진실을 찾게 하는 학문인 것이다. 그리고 자신이 추구하는 의미와 현실의 자신과의 괴리를 알고 그것을 메우기 위해 자신을 담금질하는 능력이 바로 감성능력이다.

통찰력 있는 통합형 인재가 되라

『생각의 혁명』의 저자이자 창조력 전문가인 로저 본 외흐 박사는 사람들의 창조성을 저해하는 요소가 바로 전문화라고 지적한다. 그는 전문화는 능률을 가져오지만 '그것은 내 전문분야가 아니다'라는 태도가 창조적 사고를 하는 데 방해가 된다고 했다. 그런 태도를 가지면 사람들은 모든 문제를 편협하게 생각하게 되어 다른 분야에 대해서는 전혀 생각해 보려 하지 않게 된다. 이것은 우리 사회에도 상당한 문제가 되고 있다. 한 우물을 파서 그 분야의 전문가가 되어야 성공한다는 사고는 초기 지식 사회에서는 성장의 동력이 되었으나, 통합적 사고를 요구하는 요즘에는 오히려 큰 걸림돌이 되고 있는 것이다. 문외한(門外漢)이 어떤 사람인가? 사전적으로 보면 어떤 일에 직접 관계가 없는 테두리 밖의 사람, 또는 그 일에 전문가가 아닌 사람을 말한다. 만약 한 분야에만 전문적이고 다른 분야에는 전혀 실력도 관심도 없다면 그는 자신의 전문분야를 벗어난 모든 분야에서 문외한이 될 수밖에 없다. 그야말로 '전문분야'라는 우물 안에 살고 있는 개구리가 되는 것이다.

창의적인 사고는 한 분야의 지식이 다른 분야와 융합하여 유추되고 변형되어야만 나올 수 있다. 분야의 경계를 넘나드는 자유로운 사고에서 최고의 아이디어가 나오는 것이다. 이런 창의적인 사고가 한두 사람의 천재가 아닌 우리 사회 전반에서 나타날 때 우리는 소프트웨어 강국이 될 수 있다. 한두 개의 대기업이 아닌 다양한 분야의 사람들이 창의성을 폭발시킬 수 있는 토양이 필요한 것이다.

『88만원 세대』의 저자 우석훈 교수는 『세계사를 움직인 다섯 가지 힘』이라는 책의 해제에서 다음과 같이 이야기하고 있다.

"지식을 분류하는 방식에는 여러 가지가 있는데, 그중에서 대표적인 것이 '백과사전형 지식'과 '전문가형 지식'이다. 단어 그 자체로, 얕지만 넓게 아는 것과 깊지만 좁게 아는 두 가지 유형의 지식 체계를 생각해볼 수 있다. 물론 모든 부문에 대해 다 잘 알면 좋겠지만 그게 말처럼 쉬운 일은 아니고, 결국 개개인에게도 지식을 습득하는 패턴이라는 것이 생겨나게 된다. 한국에서도 백과사전형 지식은 이규태를 비롯해서 이어령에 이르기까지, 분명히 존재해온 하나의 패턴이었다. 그러나 경제 근본주의의 시대라고 할 수 있는 IMF 경제 위기 이후 이러한 백과사전형 지식체계를 갖춘 사람은 더 이상 등장하고 있지 않다. 오히려 10년 가까이 전문가형 지식을 갖춘 사람을 사회적으로 우대하고, 또 그렇게 사회의 지식 체계가 움직여 나갔다. 학계만 보더라도 백과사전형 지식시대의 대명사라고 할 수 있던 '학자' 혹은 '지식인'이라는 단어보다는 '전문가'라는 단어를 더욱 선호하는 경향이 있었다. 분명히 그런 시기가 있었고, 지금도 우리는 한국의 10대들과 대학생들에게 '전문성'을 유별나게 강조하고 있다."

이어서 그는 앞으로 다시 한 번 백과사전형 지식이 필요한 순간이 분명히 올 것이라고 예측하고 있다. 흩어져 있는 지식들을 엮어내고, 그것들을 조율할 수 있는 사람의 시대가 온다는 것이다. 아니, 이미 우리 앞에 와있다고 나는 생각한다. 학문적인 기저에서 '백과사전적 지식인'은 기업이나 사회분야에서는 '통합형 인재'라고 할 수 있다. 현재 기업을 비롯한 학계와 사회의 전 부문에서는 전문성과 함께 폭넓은 지식기반을 가진 창의적인 통합형 인재를 간절히 찾고 있지 않은가. 결국 우리의 미래를 이끌고 나갈 인재들이 바로 통합형 인재들인 것이다.

빌 게이츠나 스티브 잡스와 같은 사람들이 첨단 IT기업을 이끌고 있다고 해서 그들을 단순히 소프트웨어 최고의 기술자라거나 뛰어난 경영자라고만 할 수 있는가? 이들을 엄밀하게 정의한다면 기술자나 경영자가 아니라 통합하는 사람이다. 정보시대의 미래를 예측한 예언자들이고, 첨단 기술에 인간적인 효용을 결합하여 새로운 세상을 만든 창조자들인 것이다.

우리나라가 낳은 세계적인 석학, 이어령 교수는 자신의 책 『디지로그』에서 최첨단 IT 기술을 '디지털'로, 거기에 반해 인간적인 감성, 전통 문화 등을 '아날로그'로 정의했다. 그리고 비트로 이루어진 디지털과 신체자원으로 이루어진 아날로그의 조합을 '디지로그'라는 신개념으로 정리했다. 지난 2006년 〈중앙일보〉에 연재한 신년 에세이를 보완하여 출간한 이 책에서 다음과 같은 자신의 이론을 펼쳤다.

그는 정보화 사회에서 결코 디지털화할 수 없는 마지막 아날로그적 영토로 미각과 음식물을 지목했다. 그리고 첨단 기술에도 인간적인 면이 가해져야 최고의 제품이 탄생할 수 있다고 주장하며 한국이 나아갈 길은 디지로그에 있다고 주장한다. '먹는다'는 표현에는 우리 문화가 전 세계적으로 가장 다양한 의미를 가지고 있다. '한솥밥을 먹는다' '애를 먹는다' '나이를 먹는다' '말이 안 먹힌다' '골을 먹는다' 등등 세상 어떤 언어가 이렇게 다양한 먹을거리를 가지고 있는가? 디지로그는 이러한 우리 문화의 고유한 속성을 디지털과 연결한 놀라운 통찰력이라고 하지 않을 수 없다. 디지털 세상이 더욱 발전해나가려면 속도의 디지털과 인간적인 감성인 아날로그의 결합 없이는 불가능하다. 순수한 기계적 이미지의 디지털만으로는 더 큰 도약이 있을 수 없는 것이다.

이것은 개인 역시 마찬가지다. 전에는 한 가지 일에 남다른 전문성을 지닌 인재를 원했다면 이제는 전문성과 함께 폭넓은 지식을 가진 인재를 필요로 한다. 통합의 시대에 한 가지 전문성만으로는 부족하다는 현실을 우리 모두가 자각했기 때문이다. 다산 정약용은 『목민심서』에서 다음과 같이 한탄했다. "옛날에는 소위 학교라는 것이 예(禮)와 악(樂)을 배우고 익히는 곳이었으나, 오늘날에는 예와 악이 무너져 내려 오직 독서만 가르친다." 인격의 성장을 위한 예와 감성을 키우는 데 필요한 악을 가르치는 전통이 사라지고 오직 '학문을 위한 학문'만 남았다는 것이다. 오직 전문기술만 우대하는 요즘의 우리 현실과 다를 바가 없다. 이런 교육체계에서는 전문성은 물론 인격과 예술적인 감성, 그리고 통찰력을 지닌 통합형 인재가 키워지기 어려운 것이다.

세상의 모든 일은 두 가지 측면을 가지고 있다. 일을 진척시키는 속도가 빠르다는 장점을 가진 사람이라면 끈질기게 기회를 기다리는 끈기는 없다. 첨단 기술에 탁월한 사람이라면 인간적인 통찰력과 깊이는 없다. 세상을 보는 눈이 빠르고 변화에 잘 적응한다면 충성심이라는 덕목은 모자라기 마련이다. 하지만 현실은 이 두 가지 모두를 우리에게 요구하고 있다. 디지털의 빠른 속도를 따라가면서 거기에 인간적인 아날로그를 접목한 통합형 인재, 어렵지만 불가능한 것은 아니다. 나의 전문기술을 열심히 가다듬고 인문학적 소양과 감성능력으로 통찰력과 통합능력을 키우는 것, 이것이 바로 그 해답인 것이다.

人文

PART
01

인문으로 통찰하라

- 인문학이 통찰의 기반이다
- 미래를 예측하는 인문학적 통찰력
- 경제적 통찰력을 키워주는 인문학
- 통찰력을 키우는 인문독서법

제 2 장
인문학이 통찰의 기반이다

- 서로 다른 두 분야가 만나는 순간, 통찰의 스파크가 튄다
- 인문학이 세상에 주는 것들
- 인문학적 기반이 통찰력을 키운다

서로 다른 두 분야가 만나는 순간, 통찰의 스파크가 튄다

故 이병철 전 삼성 회장은 자신과 삼성이라는 기업을 형성하는 데 가장 큰 영향을 끼친 책은 『논어』라고 말했다. 스티브 잡스 역시 리드 칼리지 시절 접했던 플라톤, 호머, 카프카 등의 인문독서 프로그램이 애플을 만드는 데 큰 힘이 되었고, 그 당시 배웠던 서체 공부가 매킨토시와 아이팟 등의 제품을 만든 디자인 감각의 원천이라고 했다. 마이크로소프트사 창업자 빌 게이츠 역시 "인문학이 없었다면 나도 없고 컴퓨터도 없었을 것이다"라며 자신을 키운 것은 도서관이라고 말한다. 페이스북의 창립자 마크 주커버그 역시 학창 시절에 대부분의 고전을 섭렵했고 그리스 로마 고전을 원전으로 읽는 취미를 가지고 있었다고 한다. 첨단기업을 이끄는 이들은 공통적으로 인문학을 통해 자신의 기업을 일굴 수 있었던 것이다.

뛰어난 감성과 통찰력으로 수많은 명언을 남긴 스티브 잡스는 이렇게 말했다.

"인문학과 과학기술 사이에는 마법이 존재한다. 애플은 변함없이 인문학과 기술의 교차로에 서 있었다."

이 말을 증명이라도 하듯 잡스는 자신이 만드는 제품 모두에 인간애(人間愛)를 담았다. 첨단 기술과 인간애, 이 둘을 하나의 제품에 담기 위해 끊임없이 노력함으로써 사람들의 공감을 얻을 수 있었던 것이다. 이런 그를 두고 인문학과 IT기술의 융합을 연구하는 인텔의 상호작용 및 경험(Interaction & Experience Research) 연구소장인 제네비브 벨 박사는 "기업 세계는 점점 더 복잡해지고 시장은 다양한 모습으로 변화하고 있어 성공을 위해서는 다양한 기술과 시각이 필요하게 되었다. 이런 면에서 잡스가 인문학을 강조한 것은 옳은 일로 드러났다"고 말했다.

세계적인 미래학자 대니얼 핑크는 "후기 정보화 시대에 성공을 꿈꾸는 사람은 다양하고 독립된 분야 사이의 관계를 이해해야 한다. 뭔가 새로운 것을 만들어내기 위해서는 연관성이 없어 보이는 요소들을 연결하는 방법을 알아야 한다"라고 말했다. 또한 인지심리학자 로버트 와이어 교수도 "이전에 만나지 않았던 두 가지 개념이 새롭게 만나는 순간 통찰이 생겨난다"고 했다. 아날로그적인 요소가 첨단 디지털 기술과 만나야 놀라운 결과를 만들어낼 수 있다는 것이다.

이처럼 첨단 IT기업을 움직이는 천재들의 경영 기반은 경영과 인문학을 결합하는 능력이다. 사람의 마음과 세상의 다양한 현상들에 대한 깊은 이해가 경영에 관한 '통찰력'을 주는 것이다. 창조적 파괴 전략으로 유명한 경제학자 조지프 슘페터는 "이전의 결합을 끊고 새로운 결합을 구축하는 것이 바로 혁신의 본질"이라고 말했다. 가장 이질적인 것들을 조화롭게 결합하는 것이 바로 혁신적인 경영의 핵심이라는 것이다. 최근 경제·경영분야 베스트셀러를 살펴보면 인문학과 경영학의 융합을 중요시하는 서적들을 쉽게 찾아볼 수 있다. 고전이나 인문학 등 당연히 인문학 분야에 꽂혀 있어야 할 책들을 경제·경영 분야에서 찾을 수 있는 것은 지금 기업을 이끄는 리더들과 기업에 종사하는 사람들에게 꼭 필요한 것이 바로 사람과 세상을 읽는 통찰력이고, 인문학에 대한 공부 없이 그것이 얻는다는 것은 불가능하다는 것을 인식하고 있기 때문이다.

우리는 인류에게 닥친 수많은 문제들을 해결하고 더 나은 세상을 만들기 위한 과학적, 예술적인 발전에 그동안 '통찰'의 힘을 빌려왔다. 경영 역시 마찬가지다. 시대를 앞서가는 첨단기업의 경영자들은 모두 남다른 통찰력을 발휘했다. 그리고 이런 통찰력을 발휘할 수 있는 든든한 기반이 바로 '인문학'이다.

인문학이 세상에 주는 것들

『인문학의 즐거움』의 저자 커트 스펠마이어는 21세기 인문학을 재창조하기 위해서는 인문학을 '삶의 기술들'로 반드시 변화시켜야 한다고 주장한다. 그는 인문학의 위기는 이론이 부상하면서 인간이 직접 몸으로 경험하는 의미보다는 텍스트에 더 몰두하게 됨으로써 초래되었다고 한다. 이런 사조는 인문학에 권위와 특권을 부여해주기는 했으나 결과적으로 인문학이 삶에서 유리되고 고립되는 대가를 치르게 되었다. 그는 인문학은 삶의 예술이어야 하고 경험으로서의 예술이 되어야 한다고 한다. 세상에 연관되는 것, 작은 세계들이 모여 모든 것과 연관을 맺는 것, 이것이 인문학이 나가야 하는 방향이라는 것이다.

'시카고 플랜'이라는 유명한 이야기가 있다. 미국의 석유재벌 록펠러가 세운 시카고 대학이 일류대학이 된 계기가 바로 이 플랜이다.

1892년 설립된 이래 삼류대학에 머물던 이 학교는 1929년, 로버트 허친스가 총장으로 부임하면서부터 달라진다. 그는 존 스튜어트 밀 식 독서법을 통해 시카고 대학을 세계적인 명문대학으로 키우겠다는 계획을 세우고 '시카고 플랜'을 도입한다. 이 플랜의 핵심은 인류의 위대한 지적 유산인 동서양의 고전 100권을 읽지 않은 사람은 졸업을 시키지 않겠다는 것이었다. 이 플랜이 시행된 이후 마지못해 책을 읽기 시작한 학생들에게 처음에는 아무런 변화도 나타나지 않았다. 하지만 읽은 책들이 30권이 넘고 50권이 넘어서자 놀라운 변화가 일어나기 시작했다. 이 대학 출신자들이 노벨상을 받기 시작했고, 이후 2000년까지 총 73개의 노벨상을 받는 명문대학이 되었다.

시카고 대학에 관련된 사람의 일화 한 가지를 더 살펴 보자. 이 대학 출신인 얼 쇼리스가 개설한 '클레멘스 코스' 이야기이다. 클레멘스 코스는 얼 쇼리스가 1995년 가을, 거리의 청소년, 노숙자, 난민, 싱글맘 등 사회에서 소외된 20여 명의 사람들을 놓고 인문학을 가르치면서 시작되었다. 그는 학교에 올 차비도 없는 학생들에게 토큰을 나눠주면서 철학, 예술, 논리, 시, 역사 등을 가르쳤다. 이 계획은 처음에는 많은 사람들에게 당장 먹고살 것도 없는 이들에게 직업교육도 아닌 고전교육이 무슨 소용이 있겠느냐는 비난을 받았다. 하지만 쇼리스는 가난한 것은 돈이 없어서가 아니라, 가난을 의심하지 않고 그냥 받아들여 안주하는 정신 때문이라고 생각했다. 가난한 사람들에게 직업교육만 시키는 것은 이들을 정치적으로 무기력한 인간으로 만들어 가난을 대물림하게 만들 뿐이라는 것이다. 그는 인문학을 통해서 인간을 이해하고, 인간의 삶 구석구석에 파고든 정치를 이해해야 가난에서 벗어날 수 있는 희망이 생기고 어려운 시절을 견딜 수 있는 인내가 생긴다고 주장했다.

그의 시도는 성공했을까? 뉴욕에서 시작된 클레멘스 코스는 10년 만에 4대륙 50개 지역에서 성공적으로 운영되었고 2006년에는 우리나라에서도 첫 졸업생이 탄생했다. 서울역 근처를 전전하던 노숙자들 중 20명을 선발하여 철학, 문학, 역사, 예술사 그리고 글쓰기의 총 5과목에 대한 주 3회 수업을 했는데, 그중 13명이 졸업의 영광을 안게 된 것이다. 이들은 쪽방이나 월세방을 마련해 자활에 나서는 등 노숙 생활을 청산했으며 무료 급식을 꺼리게 되고 어떻게 해서든 음식을 스스로 만들어 먹거나 사먹으려 했다고 한다.

결국 사람을 바꾼 힘의 원천은 인문학이었다. 사람과 세상을 바꾸는 데 인문학이 얼마나 큰 역할을 하는지를 보여주는 사례라고 하겠다. 얼 쇼리스는 자신의 저서 『희망의 인문학』에서 사람들에게 자신이 누구인지, 자신이 사는 세상이 어떻게 움직이는지, 그 세상에서 어떻게 살아갈 것인지를 판단하고 결정하는 것이 '인문학 교육'이라는 사실을 알려주고 있다.

인문학적 기반이 통찰력을 키운다

물질 만능주의로 훼손된 본질을 되찾고 세계적인 불평등에 대항하기 위해 인문학이 꼭 필요하며, 그것을 위해 우리 모두가 함께 노력해야 한다는 것을 생각해보았다. 그러면 이제는 인문학을 통해 무엇을 얻고 어떻게 우리 개인의 삶을 변화시킬지를 생각해봐야 할 시간이 되었다고 본다. 독자들은 이렇게 반문할지도 모르겠다. 인문학을 통해서 자기 안에 지식을 쌓아 교양인이 되면 되는 것 아닌가. 맞는 말이지만 그것만으로는 부족하다. 좀 더 구체적으로 방향을 잡아야 한다. 이것은 단순히 따로 시간을 내서 인문학 책을 많이 읽거나 공부를 하는 것보다 더 중요하다. 삶에 적용할 수 있는 인문학, 활용 가능한 인문학이 개인에게도 적용되어야 하는 것이다. 그래야 생각과 행동이 따로따로인 경영인들, 목청 높여 인문학의 위기를 외치면서 정작 자신은 서재에서 세상으로 한 발짝도 나오지 않는 일부 학자들의 모습을 되풀이하지 않을 수 있다.

  인문학은 본질적으로 인간 사이의 소통, 공감, 그리고 사랑을 가장 중요하게 여기는 사람에 관한 학문이다. 함께 더불어 사는 세상에서 우리가 인문학의 필요성과 가치를 제대로 인식하고 올바로 배워 각자의 삶에 적용할 수 있다면, 그것을 통해 우리는 삶의 의미와 가치를 가질 수 있는 것이다.

1) 역지사지(易地思之)의 상상력을 키우게 한다

지난 2003년 도쿄대학에서는 '교양의 재생을 위하여'라는 이름의 강연이 있었다. 여기에 참여한 서경식(도쿄대학 교수), 가토 슈이치(리쓰메이칸대학 객원교수), 노마 필드(일본문학 연구자) 세 사람의 석학은 모두 '상상력'을 강조했다. 이들은 타인의 자리에 나를 놓아봄으로써 타인의 고통을 나의 고통으로 겪는 것이 바로 상상력의 핵심이고, 이런 상상력을 얻기 위해서는 인문학적 교양에 힘써야 한다고 주장한다. 인문학을 통해 상대방의 입장이 되어 생각하는 배려의 마음을 가질 수 있고, 사람을 대하고 나를 성찰할 수 있는 능력을 가실 수 있다는 것이다. 『삼국지』나 『대망』 같은 대하소설을 비롯한 다양한 문학작품에서 수많은 인물들을 접한 사람들은 비록 가상이기는 하지만 상대의 입장을 헤아리는 능력을 체득할 수 있다. 그리고 그들이 엮어가는 상황을 경험하면서 소설 속의 지혜를 자기 것으로 만드는 것이다. 사람들은 흔히 사실적 지식과 논리적 지식에 많이 의존한다. 하지만 이 둘만으로는 주위의 복잡한 세계와 온전히 연결되기가 어렵다. 바로 서사적 상상력이 필요한 것이다.

어릴 적 읽었던 동화는 우리에게 얼마나 제한 없는 상상력을 키워 주었는가. 지금 한창 화제가 되고 있는 아이폰 4S의 음성인식서비스 시리(SIRI)는 알리바바와 40인의 도적들이 "열려라 참깨!"를 외치며 사용했던 기술이다. 이 기술의 개발자들이 그 동화에서 영감을 얻었는지는 알 수 없으나 우리가 어린 시절 들었던 상상 속의 이야기들이 타고난 호기심과 창의력을 가진 사람들에 의해 현실이 되고 있는 것이다.

지금 우리 사회는 양극화가 문제가 되고 있다. 빈부의 격차도 큰 문제이지만 가장 시급한 문제는 젊은 층과 기득권층의 심각한 소통의 부재라고 할 수 있을 것이다. 특히 이런 상황을 정치적, 이념적으로 이용하려는 사람들에 의해 골은 더욱 깊어지고 있다. 지금은 책이나 강연 역시 다양한 계층 간의 소통이라기보다는 세를 규합하고 상대방을 비난하는 수단으로 사용되고 있다. 그리고 비난하는 대상도 성역이 없어진 지 오래다. 상대가 누구이든 간에 이념이 다르고 계층이 다르면 노골적으로 비난한다. 최소한의 품격마저 포기한 이런 모습을 볼 때마다 멋들어진 은유와 풍자로 자신의 생각과 사상을 표현하고, 다른 사람을 무조건 배척하기보다는 상대방의 입장이 되어 생각해보기도 하는 인문학적인 교양이 더더욱 아쉬워진다.

2) 삶의 의미를 성찰하게 한다

인문학적 교양은 나 자신에 대한 성찰을 주고 사람과 사람 간의 관계에 대해서도 깊은 이해와 의미를 알게 해준다. 나 자신에 대한 성찰이라고 하는 것은 내가 누구인지를 아는 것이다. 그리고 내가 어떤 사람이 되고 싶고 내 삶의 의미와 목적이 무엇이라는 것을 아는 것이다. 이것을 알면 우리는 의미 있는 삶을 이루기 위해 노력하게 된다. 흔히 하는 말로 철학이 있는 사람이 되는 것이다. 이런 철학이 없는 사람들은 대부분 아무 의미 없이 하루하루를 그럭저럭 살아가거나 성공을 위해 수단방법을 가리지 않는 삶을 살게 된다. 하지만 성공여부에 관계없이 그 사람의 삶은 허무하게 끝난다. 하버드 대학이 25년간에 걸쳐 추적 연구한 결과가 그것을 잘 말해주고 있다. 우리가 흔히 부러워하는 사회적으로 성공한 사람들이 은퇴한 후에 우울증이나 심장질환으로 사망할 확률은 보통 사람들보다 7배가 넘는다고 한다. 이것은 경제적, 사회적 성공이 아니라 얼마나 의미 있고 아름다운 삶을 살았는지에 대한 자각이 삶의 가치를 결정한다는 것을 보여 준다.

자신의 삶에 대해 뚜렷한 철학과 올바른 가치관을 가진 사람은 균형 잡힌 사고를 할 수 있다. 만약 이런 것을 갖추지 못했다면 그 사고는 편향적으로 치우치기 마련인데, 한쪽으로 일방적으로 치우친 이러한 가치관이 오늘날 정치는 물론 모든 분야를 지배하고 있다. 자신이 몸담고 있는 조직이나 자신이 가진 사상의 가치가 모든 보편타당한 가치를 앞지르고 있는 것이다. 그리고 자신의 생각을 나타내는 표현방법 또한 극단적이 된다. 자신의 생각과 다르다고 해서 욕설을 퍼붓거나, 원색적으로 비난하거나, 자신의 목적을 위해서라면 법을 어기는 모습까지도 우리는 쉽게 볼 수 있다. 목적을 이루기 위해서는 어떤 수단을 사용해도 좋다는 이런 극단적인 모습은 인문학적 사고의 부재에서 비롯되는 것이다.

더불어 사는 세상에서 꼭 필요한 건전한 생각의 기반은 철학에서 얻을 수 있다. 그리고 사람과 세상을 이해하는 능력은 문학은 물론 음악, 미술, 건축, 영화, 사진 등 다양한 문화예술을 통해 더욱 풍부해진다. 그리고 심리학, 사회학 등 사회 과학을 통해서도 사람들 간의 관계에서 발생하는 다양한 역학과 제도에 대한 이해를 키울 수 있다.

3) 사고(思考)를 확장시킨다

학교에서는 열심히 공부하면 좋은 성적을 거둘 수 있지만 사회에서는 그 공식이 통하지 않는다. 학교에서 공부를 잘하던 학생이 사회에서 반드시 성공하지도 않을뿐더러, 사회에 나와서 열심히 자기계발을 하는 사람이 성공한다는 법도 없다. 그것은 바로 지식의 아웃풋, 즉 활용법의 문제이다. 지금 학교에서는 인풋, 즉 정보의 습득에만 모든 노력을 기울인다. 그리고 입시나 취업에 도움이 되는 과목에만 치중한다. 우리 사회에서 성공적인 삶을 살기 위해서는 불가피한 선택일지도 모르지만 이것은 진정한 의미의 공부는 아니다.

진정한 공부는 두 가지 요건이 충족되어야 한다. 하나는 공부를 통해 나 자신이 변화되어야 하는 것이다. 일본의 저명한 해부학자이자 도쿄대 명예교수인 요로 다케시가 쓴 『바보의 벽』이란 책이 있다. 일본에서 엄청난 베스트셀러가 된 책인데, 저자는 이 책에서 "사람은 누구나 자기가 아는 것만 안다. 하지만 자기가 다 아는 줄 아는 바보다"라고 하며 누구나 '바보의 벽'을 가지고 있다고 말한다. 그러면서 바보의 벽을 뛰어넘는 공부를 하려면 『논어』에 있는 '아침에 도를 들으면 저녁에 죽어도 좋다'는 자세로 하라고 한다. 여기서 '저녁에 죽어도 좋다'는 말에는 지식에 대한 열망이 크다는 의미도 있지만, 자신이 죽고 새롭게 태어날 정도로 변화되어야 한다는 뜻도 있다. 뇌 과학에서는 학습이란 우리 머릿속의 신경세포인 뉴런과 뉴런 간의 연결접점인 시냅스가 변화하는 것이라고 한다. 시냅스가 변화한다는 것은 기존의 생각이 새로운 생각으로 바뀌는 것을 말한다. 아무리 공부해도 나 자신이 변하지 않고 전과 똑같다면 그것은 진정한 공부가 아닌 것이다. 이처럼 사고를 변화시키고 확장시기려면 철학적인 사색이 필요하다. 철학적인 사색이란 정답이 없는 문제에 대해 깊이 생각함으로써, 단순히 지식을 습득하는 것이 아니라 스스로 추론을 만들고 그것을 표현하는 능력을 가지는 것이다. 다양한 삶의 변화에 적응하고 대안을 찾는 능력을 몸에 익히는 것이다.

진정한 공부의 또 한 가지 요건은 활용할 수 있어야 한다는 것이다. 흔히 공부를 할 때 사람들은 두 가지 모습을 보인다. 어떤 사람은 단순히 지식을 머리에 쌓아두는 데 반해, 어떤 사람들은 정보를 받아들일 때부터 자신만의 것으로 변형시키기 시작한다. 비평하고 요약하고 정리하고 통합해서 새로운 것으로 만드는 것이다. 그리고 그 과정에서 생기는 의문을 질문이나 새로운 공부를 통해 해결한다. 이러한 과정을 통해 새롭게 만든 지식을 자신의 머릿속에 저장하는 것이다. 타고난 천재들은 이런 성향이 강했기 때문에 교실에 많은 학생을 모아놓고 지식을 주입시키는 데 주력하는 정규 학교에 적응하지 못하는 경우가 많았다. 에디슨이 그랬고 아인슈타인이 그랬다. 그래서 그들은 독학을 선택할 수밖에 없었던 것이다.

우리의 뇌는 정보를 저장하는 공간과 정보를 변형하고 통합해서 창의적으로 발현시키는 공간이 다르다. 따라서 단순히 정보를 저장하는 것은 머리의 반쪽만 쓰는 것이다. 제대로 된 공부를 하려면 두뇌 전체를 사용해야 한다. 즉 들어온 지식을 아무런 문제의식 없이 저장하는 것이 아니라 생각하는 과정을 거쳐 완전한 자신의 것으로 만들어야 하는 것이다. 이것이 바로 지식의 '완전한 이해'이고 어떤 상황에서도 활용할 수 있는 실용 지식이 되는 것이다. 이처럼 배운 지식을 완전히 나의 것으로 만드는 방법, 생각하는 방법은 인문학을 통해서 배울 수 있다.

4) 미래를 예측하는 통찰력을 얻는다

문학적 상상력과 철학적 사고력을 키운다면 역사를 통해 미래를 예측하는 힘을 얻을 수 있다. 사람은 누구나 미래를 알고 싶어 한다. 그리고 미래를 알기 위해 다양한 방법을 동원한다. 어떤 사람들은 점집이나 무당집을 찾아 원초적인 두려움에서 벗어나려고 하고, 어떤 사람들은 『주역』에 통달한 현대판 도인을 찾아 한 수 가르침을 받기도 한다. 그리고 어떤 이들은 미래를 예측하는 책들을 통해 앞날을 내다보는 지혜를 찾기도 한다.

왜 사람들은 그토록 미래를 알려고 할까? 대부분의 경우 불확실한 미래에 대한 두려움 때문이다. 사람들은 모르는 것에 대처하면 크게 두 가지 반응을 보인다. 강한 호기심을 가지거나, 막연한 두려움에 사로잡히는 것이다. 강한 호기심을 갖는 사람은 미래를 희망적으로 본다. 그리고 그 호기심을 풀기 위해 열심히 노력한다. 하지만 두려움에 사로잡힌 사람들은 자신에게 닥쳐올 미래를 알기 위해 집착한다. 그래서 닥쳐올지도 모르는 불운에 대처하고, 지나칠지도 모르는 행운을 잡기 위해 점집을 찾고 현대판 도인을 찾는 것이다.

그리고 또 하나의 큰 이유는 바로 경제적인 목적이다. 우리 사회는 '돈'이 지배하는 사회가 되었다. 이것은 우리나라만의 특별한 상황이 아니라 전 세계적인 현상이다. '돈'이란 단순히 필요한 것을 구입하기 위한 지폐나 동전을 뜻한다. 하지만 지금은 그 단계를 지나 모든 것을 결정하는 판단근거가 되었다. 돈이 있는 사람은 사회적으로 성공한 훌륭한 사람, 돈이 없는 사람은 능력 없는 사람으로 판단된다. 돈이 수단이나 자연스러운 결과가 아닌 최종 목표가 된 것이다. 그래서 이 돈을 벌기 위해 사람들은 다양한 예측을 하고 또 족집게 예언가를 원하고 있다. 주식시장은 물론, 심지어 로또 번호를 예상하는 사이트도 성업 중이다. 하지만 자신의 미래나 특정한 사실을 미리 알기 위해 노력하는 사람들의 결과는 항상 허무하다. 왜냐하면 이런 초현실적인 예언은 항상 공허하게 끝날 수밖에 없기 때문이다.

E. H. 카의 『역사란 무엇인가』에 보면 역사의 미래 예측 기능에 대해 다음과 같은 이야기가 나온다. 한 학교에 홍역에 걸린 학생이 두 명 발생했다고 가정해보자. 그러면 누구나 전염성이 강한 홍역이 아이들에게 유행될 것이라는 것을 예측한다. 그래서 아이들에게 예방주사를 맞히고, 환자인 아이들을 신속하게 격리하고, 휴교령을 내려 예상되는 환자의 발생을 줄이려고 노력한다. 이것이 바로 예측하는 자세이다. 이러한 예측은 꼭 필요한 것으로 당연히 취해야 하는 행동을 뒤따르게 한다. 만약 이런 예측을 하지 않고 마땅히 따라야 할 후속조치가 없다면 엄청난 위기가 닥쳐오게 될 수밖에 없다. 지금 우리 사회에 만연하고 있는 안전 불감증 역시 이런 예측력의 부족에 따른 것이다. 하지만 만약 어떤 도인이 다른 학생은 모두 괜찮고, 2학년 3반 철이와 영희만 홍역에 걸릴 것이라고 주장한다면 그것은 바로 예언이 된다. 이처럼 미래 예측이 일반화가 되지 않고 특수한 것, 보편적인 것이 아니라 개별적인 것이 되면 그것은 허

황된 것이다.

 이처럼 바른 예측은 닥쳐올 위기를 줄이고 희망찬 미래를 여는 기회가 될 것이고, 허황되고 잘못된 예측은 개인과 미래, 그리고 국가의 존립까지도 망치는 일이 될 수 있다. 이것은 개인뿐 아니라 기업에서도 중요하다. 기업은 미래의 발전을 위해 끊임없이 예측을 하고 있다. 이럴 때 현명하게 예측한다면 기업의 백년대계를 만들어가는 것이고, 잘못된 예측을 하면 그동안 쌓았던 모든 것을 잃게 되는 결과를 만들 수도 있는 것이다.

제3장
미래를 예측하는 인문학적 통찰력

- 역사를 통해 미래를 예측하다
- 고전을 통해 미래를 통찰하다

역사를 통해 미래를 예측하다

20세기 초 이탈리아의 철학자 크로체는 "모든 역사는 '현대사'이다"라고 선언했다. '역사'란 현재의 눈을 통해서, 현재의 문제에 비추어 과거를 보는 것이라는 말이다.

『역사란 무엇인가』의 저자 E. H. 카 역시 "역사란 역사가와 사실 사이의 부단한 상호작용의 과정이며, 현재와 과거 사이의 끊임없는 대화이다"라고 말한다. 하지만 그는 과거와 현재를 유추하여 미래를 예언하는 것에 대해서는 그 위험성을 경고하고 있다. 역사가들은 역사를 통해 현재를 읽고 미래를 예측하는 통찰력이 생긴다는 것은 인정하면서도, 그것이 예언적인 측면으로 흐르는 것은 엄격하게 경계하고 있다. 당연한 일이다. 하지만 특별한 어떤 사실이나 특정한 사건을 꼭 집어서 하는 '예언'이 아닌, 역사를 기반으로 통찰력을 키우고 그 힘으로 미래를 예측할 수 있다는 주장을 하는 과학자, 미래학자들은 상당히 많이 있다. 그리고 그랬기 때문에 많은 학문 분야에서 인류의 발전이 있을 수 있었다는 데 상당한 당위성을 부여한다.

철학, 심리학, 언어학, 사회학 등 여러 분야를 섭렵하여 과학철학에 큰 업적을 남긴 토머스 새뮤얼 쿤은 모든 획기적인 발견은 그것이 온 과거와 그것이 시작되는 미래의 일부라고 주장했다. 그리고 다음과 같은 말을 했다.

"길이 구부러지는 지점에 서 있으면 그 길이 어디서 왔는지 볼 수 있고, 그 다음에 그 길이 어디로 가는지 살펴볼 수 있다. 미래는 과거에서 온다. 그러나 직선으로 오지는 않는다."

통찰력의 기반은 역사

2차 세계대전의 영웅 처칠은 어린 시절부터 책 읽기를 좋아했는데 역사서를 기본으로 문학, 철학, 과학, 경제로 독서범위를 넓혀나갔다. 그는 이러한 자신의 독서 성향을 잘 보여주는 명언이자 좌우명을 남긴다.

"멀리 되돌아볼수록 더 먼 미래를 볼 수 있다."

이 말을 증명이라도 하듯이 그는 자신의 저서 『폭풍의 한가운데』에서 50년 후의 세계를 다음과 같이 정확하게 예측한다.

"현재의 추세대로 개발이 진행되면 머지않아 무선 전화와 무선 텔레비전도 등장해서, 기기만 들고 다니면, 연결할 수 있는 설비가 되어 있는 장소라면 어디에서나 기기와 연결해서 멀리 떨어져 있는 상대방과 쉽게 통화를 나눌 수 있게 될 것이다. 그렇게 되면 도시에서의 사람들의 집회는 불필요한 일이 될 것이며, 초고속 통신 수단이 현실화되는 날에는, 아주 친한 친구들을 만나는 경우 이외에는 거의 실제로 사람들을 찾아다닐 필요가 없어질 것이다."

이 책이 1932년에 처음 출간된 것을 감안하면 그의 뛰어난 통찰력에 놀라지 않을 수 없다.

"미래를 예측하는 가장 좋은 방법은 그 미래를 만들어버리는 것이다." 삼성의 이건희 회장도 즐겨 사용했던 이 말을 한 피터 드러커는 미래예측 전문가이자 '경영학의 아버지'로 잘 알려져 있다. 하지만 그는 자신을 미래예측가로 부르는 것을 정말 싫어했다고 한다. 아마 자신의 통찰력이 사람들의 얄팍한 호기심을 만족시키는 데 쓰이는 것을 경계했던 것일 것이다. 우스갯소리로 "노인들이 잔소리가 많은 것은 그것을 증명할 필요가 없기 때문이다"는 말이 있다. 하지만 피터 드러커는 예측했던 거의 모든 일들이 세월의 검증을 거쳐 실현되는 것을 직접 보게 된다.

그는 히틀러가 가장 침체되어 있을 시기에 그가 정권을 잡을 것을 예측하고 두려워했으며, 독일의 베를린 장벽이 무너지기 4년 전에 이미 그 사실을 예견하기도 했다. 독일 전 수상 브란트가 독일통일 2주 전까지 "독일 통일은 멀었다"고 말했던 것에 비교하면 정말 대단한 통찰력이 아닐 수 없다. 또한 그는 1986년 한 좌담회에서 구 소련연방이 붕괴될 것이라고 말했는데 세계적인 지략가였던 헨리 키신저가 "이번에는 드러커 교수가 틀렸네요"라고 말할 정도로 그 당시에는 예상 밖의 발언이었다고 한다. 물론 그 이전에도 독일의 사회학자 막스 베버가 러시아 혁명 직후에 사회주의의 붕괴를 예상했다. 하지만 막스 베버의 예상은 사회학적 관점에서 사회주의가 갖는 관료제의 한계를 지적했던 것이었다. 반면, 이미 미국과 함께 세계의 지도국가로서의 역할을 수십 년 이상 감당했던 시점에서, 비록 경제적인 어려움을 겪고 있었지만, 소련이라는 초강대국이 붕괴할 것이라는 드러커의 예상은 현실에 대한 정확한 분석과 미래를 보는 통찰력 없이는 할 수 없는 것이다.

그 이후에도 그는 다양한 저서에서 우리 사회의 미래를 다루고 있다. 이미 오래전에 풍요로운 경제를 이끄는 '지식노동자'의 출현을 예고했고, 50년대에는 일본의 경제대국화을, 또한 80년대 일본 경제의 최고 번영기 때에도 다가올 일본의 위기를 예견하기도 했다. 그래서인지 그는 일본에서는 거의 신적으로 추앙받는 경영학자라고 한다. 그는 또한 단기적인 이익을 내는 데만 급급한 경영자들을 부정적으로 생각하고 그 위험성에 대해 경고하며, 최고경영자가 그 회사 최저 임금자의 보수보다 20배가 넘는 보수를 받으면 위험하다고 구체적으로 지적한다. 70년대 일반 근로자 임금의 약 30배 정도에 머물던 미국 최고경영자들의 보수는 최근 엄청나게 치솟아 무려 300배를 넘는 경우도 드물지 않다. 이러한 경영자들로부터 비롯된

심각한 부의 격차는 지금 겪고 있는 미국 경제위기의 단초가 되었고, 아직까지도 개선되지 않고 있다. 최근 청년들의 시위가 월가에서 끊이지 않는 것을 보면 그의 경고대로 파국으로 치닫지 않을까 우려될 정도다. 하지만 일본은 그의 충고를 충실히 받아들여 지금도 최고경영자의 보수가 일반 직원들의 20배 정도라고 한다. 하지만 미국식 자본주의의 충실한 이행자인 우리나라는 어떤가? 일부 기업들은 이미 100배에 가까운 높은 보수를 받고 있으니 다시 한 번 깊이 생각해볼 문제라고 생각된다.

그러면 피터 드러커의 이와 같은 통찰력은 어디에 바탕을 두고 있을까? 먼저 역사에 대한 통찰이다. 그는 마치 백과사전 같다고 할 정도로 역사에 대한 깊은 이해와 지식을 가지고 있었다. 오스트리아 중상류층의 자제로 태어난 그는 국제화된 분위기 속에서 높은 수준의 소양교육을 받았고, 다양한 언어를 습득했다. 18세가 되던 해에 고등학교를 졸업하고 고향 빈을 떠나 독일 함부르크에 있는 면제품 회사에 취직을 하게 되는데, 그곳에서 그는 함부르크 시립도서관에 살다시피 하면서 인문학적인 소양을 넓혀나간다. 그는 함부르크 대학을 다니기는 했지만 학교 수업에 거의 출석하지 않았다고 한다. 그래서 학교에서 배운 것보다는 도서관에서 역사책을 읽으며 배운 것이 훨씬 더 많았다. 그는 "역사는 '연속과 변화'의 과정으로 진행된다. 한 역사가 다음 역사로 넘어갈 때 역사의 경계를 지나 일정기간 혼란과 변화의 기간, 또는 단절의 시대를 겪은 뒤 장기간 연속 상태가 진행된다"고 자신의 역사관을 밝힌다.

그 다음은 상황과 흐름을 읽는 관찰력이다. 그는 어린 시절부터 오스트리아 지식인이었던 아버지와 그 친구들 간의 대화를 들으며 자랐다. 그리고 아버지와 함께 그 당시 지식인들의 모임장소였던 살롱에서 다양한 지식인들을 관찰하고 그들의 지혜를 터득하게 된다. 이런 관찰하는 습관은 평생토록 계속되었고, 자서전 역시 주변 인물에 대한 관찰을 기반으로 써졌다. 특히 그가 살던 시대는 1차 세계대전과 2차 세계대전 등 역사의 소용돌이 속에 있던 시기로 급변하는 시대를 냉철하고 객관적으로 관찰함으로써 앞으로 일어날 일들에 대한 경계와 그 대비책을 간구한 것이다. 이에 관해 그는 이런 말을 남겼다. "나는 관찰자이지 참가자가 아니며, 직접 참여하지 않았기 때문에 한층 더 예리하게 관찰할 수 있었다. 나는 예언하는 것이 아니다. 다만 창문 밖을 내다보며 다른 사람들이 보지 않는 것을 전할 뿐이다."

셋째는 폭넓은 지식을 기반으로 하는 통합능력이다. 만약 그가 자신의 전문분야인 경영학에만 정통해 있는 사람이었다면 그의 놀라운 통찰력은 발휘되지 못했을 것이다. 역사, 예술, 문화, 사회 등의 다양한 분야를 폭넓게 알고 다양한 관점으로 사고했기 때문에 남다른 사고능력을 지니게 된 것이다. 그의 말을 빌려보자.

"사물이 변하고 있을 때 목적의식과 공통적인 가치는 사람들로 하여금 효과적으로 일하게 한다. 20세기는 좁은 분야에 전문성을 지닌 지식근로자들을 등장시켰다. 하지만 21세기는 분야와 전문성을 가로질러 통합적으로 사고하고 협력할 줄 아는 리더를 필요로 한다."

마지막으로 그의 통찰력을 설명할 수 있는 것은 '이미 일어난 미래를 보는 힘'이다. 피터 드러커는 눈앞에 드러난 현상을 정확히 읽고 앞으로 필연적으로 일어날 미래를 예측했다.

주요한 사회적·경제적·문화적 사건이 발생한 뒤 그 영향이 뚜렷해지기까지는 얼마간의 시간차가 생긴다. 이를테면 출산율이 급락한다면 지금 당장은 영향이 없지만 지금 출생하는 아이들이 자랄 무렵에는 육아용품과 아동용품의 불황이 생길 것이고, 성인이 될 때쯤이면 가동노동력이 현저히 줄어드는 문제가 발생할 것이다. 또한 꾸준한 성장을 계속하고 있는 개발도상국의 나라들은 자신들이 선진국이 되는 10년, 20년 후의 소비성향을 현재의 선진국을 통해서 예상할 수 있다. 즉 이미 일어난 미래는 현재의 통계, 지식분야, 다른 시장, 다른 산업, 다른 국가 등 다양한 곳에서 읽을 수가 있다.

이미 일어난 미래를 읽고 놀라운 발전을 이룬 기업들의 사례들은 수없이 많다. 뒤에서 자세히 이야기하겠지만 삼성의 반도체 투자가 대표적인 사례이고, 가까운 나라 일본에도 이런 사례들이 많이 있다. 일본의 존경받는 기업가 중의 한 사람인 마쓰시타 고노스케의 내셔널 전기회사 역시 이러한 미래 통찰력으로 큰 성장을 얻을 수 있었다. 이 기업은 1950년대 일본이 지금처럼 경제대국이 되지 않았을 무렵 TV시장에서 '이미 일어난 미래'를 읽고 대처했다. 다른 기업들이 모두 현재의 상황에 비추어 값싸고 작은 크기의 텔레비전을 생산할 때, 그 회사는 비싸고 큰 크기의 고급 제품에 초점을 맞추었다. 미국, 영국, 독일 등 선진국에서 텔레비전이 사람들에게 얼마나 큰 영향력을 미치는 제품인가를 읽고 앞으로 다가올 미래에 대처한 것이다.

역사가 현실의 문제를 정확하게 읽고 눈앞에 닥쳐올 미래에 대처하는 통찰력을 갖게 하는 것은 역사 자체가 인간이 만드는 것이기 때문이다. 좀 상투적인 표현이지만 역사란 인간의 감정과 욕망이 만들어내는 드라마다. 그래서 역사를 알면 변하는 세상에서 결코 변하지 않는, 인간에 대한 지혜를 가질 수가 있다. 최근 인문학의 위기가 대두되면서 역사학 부재를 걱정하는 목소리도 높다. 특히 우리나라에서는 역사가 입시를 위한 선택과목에 불과한 학문이 된 것이 가장 큰 문제라고 할 수 있을 것이다. 이것은 대학에서도 마찬가지고, 출판도 마찬가지인 것 같다. 최근 사람들의 호기심을 자극하는 퓨전 역사책들이 나오기는 하지만 다양한 관점을 가진, 제대로 된 역사책은 본 적이 없는 것 같다. 나는 역사를 전공한 사람이 아니라서 감히 역사학의 부재와 그 대책을 이야기할 자격은 없다. 하지만 『조선왕조실록』과 같이 옛날에 쓰였던 책밖에 지금은 자랑할 역사책이 없다고 한탄하는 지식인들의 소리는 우리 모두가 귀담아들어야 할 이야기라고 생각된다.

『사기』를 읽어라

인문고전 독서를 통해 통찰력을 키운 서양 사람들의 독서 분야에는 공통점이 하나 있다. 바로 그리스의 철학과 로마의 역사이다. 소크라테스, 플라톤, 아리스토텔레스로 이어지는 그리스 철학으로 자신의 철학적인 기반을 세우고, 세계를 지배한 거대 제국 로마의 부흥과 멸망을 읽으면서 역사와 인간에 대한 통찰력을 키운 것이다. 특히 세계 명문가들의 독서목록에는 로마역사가 빠지지 않고 등장한다. 그중에 에드워드 기번이 18세기에 쓴 『로마제국 쇠망사』가 있는데, 이 책은 로마제국의 쇠망과정을 웅장하게 담았을 뿐 아니라 아름답고 유려한 문학작품으로도 손색이 없다. 특히 처칠은 이 책을 통해 역사에 대한 통찰력과 함께 문장력을 키워 노벨문학상을 받을 정도의 훌륭한 문장가 겸 웅변가가 된다.

시대와 배경은 다르지만 우리 동양 고전 중에 손꼽히는 역사책으로는 사마천의 『사기』가 있다. 이 책은 고대 시대에서부터 저자 자신이 살던 한무제의 시대까지를 다루고 있는, 130권에 달하는 방대한 역사서이다. 이 책은 중국의 역사를 담고 있는 최고의 역사서이기도 하지만 시대를 이끄는 위인들의 인생철학을 다루는 철학서, 그리고 그들의 삶과 죽음을 아름다운 문장으로 서술하는 문학서의 가치도 가지고 있다. 그래서 중국의 유명한 사학자인 전목(錢穆)은 이 책을 일러 "가히 다시 있을 수 없는 최고의 사서로 공자의 『춘추』와 더불어 중국 고대의 인물이 저술한 가장 위대한 책이다"라고 말하기도 했다. 또한 우리나라의 역사전문가 김영수는 "삼국지를 열 번 읽기보다 사기 한 번을 읽어라"고 하며 『사기』를 현존하는 최고의 역사서라고 강조한다.

『사기』가 이처럼 시대를 아울러 큰 찬사를 받는 것은 방대한 대작이라는 것 외에 다음과 같은 특징을 가지기 때문이다.

첫째, 『사기』는 고난 가운데 있던 저자가 자신의 인생을 걸고, 한(恨)을 담아서 지은 결정체이다. 사마천은 48세의 나이에 생식기를 뿌리채 절단하는 '궁형'이라는 형벌을 받는다. 그 당시로는 목숨을 잃는 것보다 더한 참형을 받았지만 그는 자신의 책인 『사기』의 완성을 위해 남은 인생을 모두 쏟아 붓는다. 차라리 죽는 것이 더 나을 것 같은 상황에서 그는 "태산보다 더 중한 죽음이 있고 깃털보다 더 가벼운 죽음이 있다"고 하며 필생의 역작 『사기』를 완성하지 않고 헛된 죽음을 맞이할 수 없다는 결론을 내린다. 그리고 『사기』를 완성하는데 서문 격인 「보임소경서(報任少卿書)」에 다음과 같은 글을 남긴다.

"옛날 주문왕은 감옥에 갇혀 있는 동안 『주역』을 만들었다. 공자는 진나라에서 어려움에 처했을 때 『춘추』를 만들었다. 굴원은 초나라에서 추방되자 『이소경』을 만들었다. 좌구명은 장님이 되고서 『국어』를 만들었다. 손자는 다리가 끊기고서 『병법』을 만들었다. 여불위는 촉나라로 귀양 가서 『여람』을 만들었다. 한비는 진나라에 사로잡힌 몸으로 『세난』 『고분』 등의 문장을 만들었다. 시 삼백편도 거의

가 현인, 성인들의 발분으로 만들어진 것이다. 이렇듯 이 모두가 한스러운 마음의 소치이며, 그 한을 풀 길이 없어 과거를 돌이켜보고 미래를 굽어보게 된 것이다."

가장 험난한 인생의 역경에서 역사에 남을 명작을 남긴 사람들을 거론하면서 자신 역시 감당키 어려운 고초 속에서 책을 만들었음을 보여주는 것이다.

둘째, 『사기』는 인간의 이야기다. 『사기』는 모두 다섯 편으로 구성되는데 그중에서 역대의 법률, 법령을 기록한 「서」와 연대표인 「표」를 제외한 「본기」 「세가」 「열전」은 모두 역사를 움직인 사람들의 이야기이다. 진시황에서부터 항우, 고조(유방), 여태후 등 그 당시 가장 영향력 있는 인물들을 다룬 것이 「본기」, 「본기」와 같은 시대에 활약했던 정치 집단과 인물들을 다룬 것이 「세가」, 그리고 「본기」의 인물들과 함께 역사를 만들어간 다양한 인물들을 다룬 것이 「열전」이다. 사마천은 이처럼 역사를 인간, 즉 정치적 야망을 가진 영웅들과 그 주변인물들이 만들어가는 이야기로 생각했다. 그래서 『사기』에는 공자, 장자, 맹자, 한비를 비롯한 철학자, 백이와 숙제와 같은 확고한 정신을 지닌 열사뿐 아니라 문인, 평범한 마부에 이르기까지 다양한 사람들이 등장한다. 그리고 단순히 그들의 위대한 점만 부각한 것이 아니라 그들의 약점과 비열함, 장점과 단점을 가감 없이 담았다. 유가(儒家)의 창시자로 그 당시 신적인 추앙을 받던 공자도 예외가 아니다. 「공자세가」는 공자가 사생아로 출생하게 된 사실로 시작하고 있다. 그 당시 치욕적일 수도 있는 공자의 출생비밀을 담담하게 밝혀내 공자와 유교를 최고의 덕으로 숭상하던 조선에서는 그의 책이 부분적으로 금서가 된 적도 있었다. 그는 심지어 자신이 살고 있던 시대의 군주이자 자신에게 궁형을 처했던 한무제 역시 냉철한 비판의식을 통해서 다루고 있다. 자신에게 위해를 가할 수도 있는 사람을 비판적으로 다루고, 또 완성한 책을 그에게 보내 읽도록 한 것은 진정한 역사가의 모습이 어때야 하는지를 잘 보여주고 있는 것이다.

셋째, 『사기』는 현대적인 구성을 가지고 있다. 『사기』는 그 당시 쓰였던 대부분의 역사책과 달리 연대기 순이 아니라 인물 위주로 쓰인 최초의 기전체 역사책이다. 이전에 쓰인 역사서 『춘추』 『상서』 『국어』 『전국책』 등이 모두 편년체의 평이한 문장인 것과 비교하면 『사기』가 얼마나 위대한 역사책인지 알 수 있다. 고대 서양의 최고 역사서로 꼽히는 헤로도토스의 『역사』나 투키투데스, 타키투스 등의 역사서와 비교해도 그 구성이나 책의 규모 면에서 비교될 수가 없을 정도인 것이다.

『사기』는 단순한 사건의 나열이 아닌 그 사건의 주인공이 되는 인간의 역사이면서 위인들의 인생철학을 다루는 철학서, 아름다운 문학서, 그리고 사람의 마음을 다루는 심리학서이기도 하다. 그렇기 때문에 우리는 『사기』를 통해 중국의 역사뿐 아니라 삶의 의미와 인간에 대한 통찰력까지 얻을 수 있는 것이다.

고전을 통해 미래를 통찰하다

미래를 예측하는 고전이라고 하면 누구나 쉽게 『주역』을 떠올릴 것이다. 『주역』이라는 이름은 2,500여 년 전 주나라 사람이 간단하게 8괘로 점을 치는 책이라고 하여 붙은 이름인데 그 내용을 찬찬히 살펴보면 단순히 점을 치는 역술책이라고 판단하기 어려운 면도 있다. 애초에 전해지던 부호에 공자를 비롯한 많은 성인과 학자들이 각자 창의적인 해석을 통해 주석을 달았는데, 이 모두를 포함해 『주역』이라고 부른다. 특히 공자는 『주역』의 열렬한 애호가로서 "내가 몇 년을 더 살아 쉰 살까지 역학(易學)을 공부하게 된다면 큰 허물없이 인생을 보낼 수 있을 것이다"라고 말하기도 했다. 『논어』에 나오는 이 글의 해석에는 여러 가지 이론(異論)이 있으나 공자가 인생, 세상의 도리, 운명학이 두루 담겨 있는 『주역』을 좋아했던 것은 사실인 것 같다. 『주역』은 8가지 괘를 기본으로 하여 각각 쌍으로 묶어 총

64괘를 가지고 인간의 길흉화복을 예측한다. 그래서 『주역』을 두고 수천 년의 검증을 거친 불멸의 고전이라는 주장도 있고 사람을 미혹시키는 미신이라는 주장도 있다. 하지만 앞서 이야기한 역사의 통찰력의 관점에서 보면 우리가 어떻게 받아들일지에 대한 해답을 찾을 수 있다고 생각된다. 오직 개인의 영달을 비는 특수한 것, 개별적인 것이 아니라, 일반적이고 보편적으로 추구해야 할 진리로 받아들인다면 우리에게 소중한 고전이 될 수도 있을 것이다.

고전에서 배우는 통찰의 지혜

『한비자』에는 수주대토(守株待兎)라는 고사가 나온다. 송나라의 한 농부가 어느 날 토끼 한 마리가 나무 그루터기에 부딪쳐 죽은 것을 보고는 쟁기를 버려두고 온종일 그루터기에 앉아 토끼가 와서 부딪치기를 기다렸다는 이야기다. 이 고사는 자신이 경험했던 과거의 방식에 집착하여 시대의 변화를 읽지 못하는 사람을 경계하는 말이다. 과거의 경험과 지식은 다가올 변화에 대비하고 새로운 미래를 전망하는 데 사용되어야 한다. 고전 역시 마찬가지다. 고전을 어떻게 받아들이느냐에 따라 고리타분한 이야기가 될 수도 있고 지혜와 통찰력을 주는 살아 있는 교훈이 될 수도 있다.

우리에게 가장 익숙한 『논어』에 나오는 가르침을 배워보자.

"10세대 뒤까지를 알 수 있습니까?"라는 자장의 물음에 공자가 대답한다. "은나라가 하나라의 예를 이어받았으니 덜고 더한 것을 알 수 있고, 주나라가 은나라의 예를 이어받아 덜고 더한 것을 알 수 있으니, 혹 주나라를 계승하는 자가 있다면 비록 100세대가 지나더라도 알 수 있다."

이 말은 우리가 앞서 배웠던 '이미 일어난 미래'를 보는 힘과도 통하는 이야기이다. 지금 일어나고 있는 변화를 세심히 관찰하면 앞으로 일어날 일에 대한 통찰력을 가지게 된다는 것이다. 『명심보감』에서도 "미래의 일을 알고자 하거든 먼저 지난일을 살펴보라"고 말하고 있다.

또한 공자는 다음과 같은 말도 남긴다.

"사람이 먼 장래 일을 걱정하지 않으면 가까운 미래에 반드시 걱정거리가 생긴다."

언제 닥칠지 모르는 위기에 대비하며 주위환경을 통제하는 능력을 키우는 것은 매우 중요하다. 급변하는 우리 삶과 주변 환경을 보면서 적극적으로 대비하고, 항상 잠재되어 있는 위기를 극복할 수 있어야 크게 성공할 수 있다. 이것은 기업과, 기업을 이끄는 리더에게 특히 더 그렇다. 눈앞의 문제를 해결하기에만 급급한 리더는 결코 장기적인 계획을 세울 수 없다. 당연히 조금만 세심하게 관찰하면 충분히 예측할 수 있는 가까운 미래의 위험 역시 간과하기 쉽다. 결국 이런 리더들은 조직을 이끌고 기업을 운영할 때 장기비전으로 하기보다는 당장 닥쳐오는 문제들에 휩쓸려 헤맬 수밖에 없는 것이다.

공자는 이것을 정확하게 지적하고 있다. 가까운 일과 문제에 집착하지 말고 먼 미래의 일을 생각하고 대비하라는 것이다. 그래야만 냉정한 판단을 내릴 수 있고 다가오는 위기가 있다면 그것을 감지하고 대비할 수 있다는 말이다.

노자의 『도덕경』을 보면 다음과 같은 글이 나온다.

"문밖을 나서지 않아도 천하를 알고 창밖을 보지 않아도 천도를 아네. 그러므로 멀리 나가면 나갈수록 앎은 더욱더 적어지는 것. 이 때문에 성인은 돌아다니지 않아도 알고 일일이 보지 않아도 훤하며 몸소 행하지 않아도 이룬다네."

문밖을 나가지 않아도, 창밖을 보지 않아도 세상일과 세상 이치를 모두 안다고 하니 마치 오늘날의 '인터넷 세상'을 정확하게 예언한 것과 같다. 그런데 여기에는 한 가지 조건이 있다. 바로 '성인(聖人)'이 되어야 하는 것이다. 성인은 만물의 이치와 법칙을 깨우쳐 굳이 밖으로 나가 직접 보지 않아도 세상일들을 읽어낸다. 따라서 성인이라 함은 리더를 뜻하면서 또한 통찰력을 가진 사람을 나타내는 말이기도 하다. 노자는 성인을 일러 "자신을 뒤로하기에 앞서게 되고 자신을 돌보지 않기에 보존된다"고 했다. 즉 '나'를 내세우지 않는 겸손과 '나'를 주장하지 않는 자기성찰의 단계에 이른 사람이 바로 성인이며, 이런 사람이 사람을 잘 이끌어가는 것은 물론 미래를 예측하는 능력까지 갖게 된다는 것이다.

고전 속 통찰력을 가진 인물들

고전에서 '미래를 예측하는 인물'을 생각할 때 가장 먼저 떠오르는 사람은 바로 『삼국지』의 재사 제갈공명일 것이다. 그는 초능력이라고 할 만큼 수많은 능력을 보여주는데 별을 보고 미래를 예측하기도 하고 범상한 사람들의 생각의 한계를 뛰어넘는 신출귀몰한 전략으로 상대편을 궤멸시키기도 한다. 물론 별을 보고 미래를 예측하는 것은 『주역』과 관련한 점술일 것이지만, 그는 사람의 심리를 읽고 허를 찌르는 심리학의 대가이며 자연현상을 분석해서 이용할 수 있는 과학자이기도 했다. 『삼국지』에서는 탁월한 군사전략가로 조명되어지지만 실제로 그는 유가, 법가, 도가에 두루 정통한 탁월한 학자였다. 또한 그는 백성을 진정으로 사랑하고 백성의 마음을 사로잡는 데 뛰어난 능력을 보이는 정치가였다. 그래서 『삼국지연의』의 저자 진수는 제갈량에 대해 "백성을 다스리는 재능이 오히려 용병의 재능보다 더 뛰어났다"고 평가한다. 이러한 그의 놀라운 능력은 어린 시절부터 철저하게 공부해온 유교 경전을 비롯한 책의 힘이었다. 이처럼 책이 가져다주는 힘을 알고 있었기에 자신의 주군이었던 유비의 아들 유선에게 『신자』, 『한비자』, 『관자』, 『도덕경』 네 권의 책을 자신의 손으로 직접 써 전해주면서 읽어보기를 권하기도 했다. 그는 미래를 내다보는 자신의 통찰력의 비밀을 아들에게 준 가르침을 통해 우리에게 알려준다. "담박하지 않으면 뜻이 밝지 못하고, 고요하지 않으면 멀리 내다볼 수 없다."

춘추시대 말기 월나라에는 구천이라는 왕이 있었다. 그는 숙적 오나라와의 전쟁에서 패한 다음 목숨을 구걸하는 치욕을 당하게 된다. 간신히 목숨을 건진 그는 쓴 쓸개를 핥으면서 원한을 갚기 위해 혼신의 힘을 다했고, 결국 나라를 키워 오나라를 멸망시키고 패왕이 된다. 이것이 바로 '와신상담(臥薪嘗膽)'이라는 고사성어의 유래이다. 그의 곁에서 이 일을 도운 사람이 둘이 있었는데 명신(名臣) 문종과 범려이다. 그런데 두 사람의 운명은 구천이 패왕이 된 후 극명하게 갈린다. 범려는 함께 나라를 다스리자는 구천의 만류를 뿌리치고 제나라로 떠난다. 그러면서 문종에게도 "하늘에 나는 새들이 모두 사라지면 좋은 활은 거두어들이고, 날쌘 토끼가 잡히면 사냥개는 참혹하게 죽임을 당하는 법입니다(우리가 잘 아는 토사구팽兎死狗烹의 고사이다). 월왕은 목이 길고 입이 새처럼 검고 튀어나와 어려움은 함께 할 수 있어도 즐거움은 같이 할 수 없는 나쁜 인상입니다"라고 말하며 떠날 것을 권하지만 문종은 남아 있다가 결국 죽임을 당하고 만다.

범려는 우리 현대인의 시각에서 보면 가장 이상적인 모습의 사람이라고 할 수 있다. 월나라에서는 재상의 자리를 지냈고, 제나라와 도나라에서는 엄청난 거부가 된 경제인, 그리고 모은 재물을 친지와 이웃들에게 나누어주는 자선사업가의 면모도 보인다. 그의 이러한 성공은 모두 사람의 본성을 읽고, 시기적으로 나설 때와 물러설 때를 정확하게 읽는 그의 통찰력에서 비롯된다. 그는 그 당시 천하의 중심지였던 도나라에서 경제활동을 하는데, 물건들의 가격이 싼 시기와 비싼 시기를 정확하게 읽어 엄청난 거부가 되었다. 하지만 그는 독점적인 위치에 있으면서도 결코 이익이 1할이 넘지 않도록 하는 진정한 경제인의 모습을 보인다. 그래서 오늘날까지도 바람직한 경제인의 모습으로 인정을 받고 있다. 19년 동안 세 번이나 큰 부호가 되었지만 그중에 두 번은 모은 재산을 가난한 사람들에게 나누어 준 그는 마치 오늘날 워런 버핏과 같은 인물과 비견할 만하다.

『여씨춘추(呂氏春秋)』에서는 선견지명을 가진 사람들의 통찰력을 관찰하는 힘으로 설명한다. 눈앞에 보이는 사람이나 사물들의 의지(意志)와 징조(徵兆), 그리고 표상(表象)을 잘 관찰하여 일어날 일을 미리 볼 수 있다는 것이다. 평범한 사람들은 똑같은 것을 보면서도 그것을 아는 경지에 이르지 못하기 때문에 신통하게 여기거나 요행으로 여긴다는 것이다. 그리고 통찰력을 지닌 대표적인 인물로 노나라의 대부 후성자(郈成子)와 병법의 대가 오기(吳起)를 들고 있는데, 여기서는 후성자의 고사를 보기로 한다.

후성자가 진나라에 문안 사절을 가는 길에 위나라를 지나게 되어 그의 친구 우재곡신(右宰穀臣)을 방문하여 술자리를 가진다. 우재곡신은 술자리에서 음악이 연주되어도 전혀 즐거워하지 않고, 술자리가 파한 후 후성자에게 아무 말 없이 보물인 벽옥을 쥐어준다. 후성자는 사신의 일을 끝내고 돌아가면서 다음과 같은 예측을 한다. "그가 나에게 술자리를 연 것은 나를 기쁘게 하려는 것이었고 음악을 연주하는데도 즐거워하지 않은 것은 나에게 그의 근심을 알리려 한 것이다. 그리고 벽옥을 주면서 나를 환송한 것은 자신의 가족들의 뒷일을 부탁하려 한 것이다. 곧 위나라에 난리가 있을 것이다." 실제로 후성자가 노나라에 도착하기도 전에 위나라에 난이 일어나 우재곡신이 그 일에 연루되어 죽었다는 소식이 들려온다. 후성자는 바로 말머리를 돌려 문상을 하고 그의 처자들을 거두어 노나라로 데리고 와서 보살펴준다. 둘 사이에는 아무런 대화도 없었지만 후성자는 우재곡신을 관찰하여 그의 속마음을 읽고 앞으로 일어날 일을 정확하게 예측할 수 있었던 것이다. 이 고사를 들은 공자는 "지혜로움은 미세한 조짐을 알아 계책을 세울 수 있을 정도이고 그의 인함은 재물을 맡길 수 있는 정도이다"라고 말하며 후성자를 칭찬했다.

마지막으로 공자에 관한 이야기 하나를 하자. 『사기』의 「중니제자열전」에 나오는 이야기이다.

공자가 세상을 떠난 뒤에도 공자를 사모하는 마음이 컸던 제자들은 공자와 닮은 모습의 유약(有若)이라는 사람을 스승으로 삼고 가르침을 받았다. 어느 날 한 제자가 유약에게 물었다. "옛날에 공자가 외출하실 때 나에게 우비를 준비하라고 하셨습니다. 그런데 나간 지 얼마 되지 않아 과연 비가 내렸습니다. 내가 어떻게 아셨는지 묻자, 선생님께서는 『시경』에서 말하길 '달이 필(畢)이라는 별에 걸려 있으면 큰 비가 온다고 하지 않느냐'라고 대답하셨습니다. 그 뒤 제가 잘 살펴보니 달이 필에 걸려 있어도 비가 오지 않을 때도 있었습니다. 그리고 상구라는 사람이 나이가 많은데도 아이를 낳지 못해 어머니의 뜻에 따라 아내를 또 한 사람 맞이하려고 하였습니다. 때마침 선생님이 그를 제나라로 심부름을 보내려고 하자 그의 어머니가 사정을 말하며 중지해줄 것을 요청했습니다. 그때 선생님께서는 '걱정하지 마십시오. 아드님은 마흔 살이 넘은 후 아들을 다섯이나 둘 것입니다'라고 말씀하셨습니다. 그런데 후에 상구는 과연 아들을 다섯 명 낳았습니다. 선생님은 어떻게 앞날을 볼 수 있었을까요?" 유약이 대답을 못하자 제자들은 "물러나 주십시오. 당신은 그 자리에 앉을 자격이 없습니다"라고 말했다. 겉모습만으로는 공자를 흉내 낼 수 없다는 이야기이다.

공자가 보여준 놀라운 통찰력은 날씨를 읽는 일상적인 것에서부터 한 사람의 미래를 읽는 예언능력에 이르기까지 광범위하다. 날씨를 읽는 법은 책을 통해 얻었다고 하지만, 보통 사람은 결코 그 깊이를 알 수 없을 정도로 철학적으로 완성된 사람의 앞날을 읽는 능력을 우리가 판단하기는 어렵지 않을까.

제4장
경제적 통찰력을 키워주는 인문학

- 부자가 되려면 인문학을 공부하라
- 기업의 미래를 결정하는 통찰력

부자가 되려면
인문학을 공부하라

 몇 해 전 미네르바라는 인터넷 논객이 많은 화제를 모은 적이 있었다. 그는 다양한 자료와 냉철한 정세분석을 통해 우리나라를 비롯한 세계의 경제를 정확하게 예측함으로써 '경제대통령'이라는 별명까지 얻었다. 그가 누구인지, 어떤 경력의 사람인지 모르는 상태에서도 익명의 공간에서 그가 하는 경제 예측에 수많은 사람들, 심지어 경제학자와 교수들까지 열광했다. 여기서 우리는 미래를 알고 싶어 하는 사람들의 강한 집착을 느끼게 된다. 특히 경제 분야에서의 예측은 부자가 되려는 사람들의 욕망과 맞물려 사람들을 끌어들이는 강력한 요인이 되는 것이다.
 이런 인간의 욕망은 위대한 과학자라고 해도 피해 가지 못했다. 아이작 뉴턴은 1700년대 초 영국왕실 조폐국의 장관으로 근무했다. 이 시기는 세계 경제학사에서 가장 악명 높은 사우스 시 버블(South

sea bubble)이 발생한 때이다. 뉴턴은 자신의 지위를 이용해 획득한 정보로 투자를 해서 처음에는 100%의 수익을 거두고 주식을 처분한다. 하지만 그 뒤 계속해서 주가가 오르자 자신의 경솔함을 후회하며 이전의 투자원금에 엄청난 빚까지 얻어 다시 투자하게 된다. 하지만 3개월 후 거품이 터지고 뉴턴은 전 재산을 잃게 된다. 그는 공직에서 물러나 런던을 떠나며 다음과 같은 말을 남겼다. "나는 천체의 움직임을 계산할 수 있지만 인간의 광기는 계산할 수 없다."

경제학은 시대를 반영한다

경제학은 사람들이 처해 있는 현재의 상황을 강력하게 반영한다. 뭔가 고차원적인 학문과는 달리 경제학은 먹고사는 것, 부자와 빈자를 나누는 인간의 원초적인 욕망과 관계하기 때문이다. 그래서 근대 경제학의 아버지, 최초의 경제학자로 불리는 애덤 스미스도 '사람들은 자신의 이득에 도움이 되는 일을 해야 된다'는 경제 규칙이 필요한 시대가 되면서 등장하게 된다. 그전까지는 동서양을 막론하고 모든 경제활동의 주역은 정부 권력과 종교 권력이 분담하고 있었다. 사람들의 직업도 태생도 모두 운명지어진 것이라 생각했기 때문에 경제활동을 굳이 학문으로 정립할 필요를 느끼지 못했고, 그렇기 때문에 그것을 체계적으로 연구하는 사람도 필요 없었던 것이다.

애덤 스미스와 동시대에 활동했던 토머스 로버트 맬서스도 마찬가지다. 그의 『인구론』은 당시 영국 저소득층의 참혹한 현실에서 등장한다. 산술적으로 성장하는 식량을 가지고 기하급수적으로 늘어나는 인구에 대응하기 위해서는 빈민구호금의 철폐와 산아제한이라는 극약처방이 필요하다는 그의 이론은 비인간적이라는 비난을 받지만 사실 그의 이론은 최악의 빈곤에 처한 사람들에 대한 애정에 기반을 두고 있다. 철학자이자 목회자이기도 한 그는 악순환으로 되풀이되는 가난은 결코 한두 번의 구제로는 해결할 수 없다는 인식으로부터 『인구론』을 저술한 것이다.

자유방임적인 경제 원칙을 주창한 애덤 스미스의 '보이지 않은 손'의 이론은 시대가 변함에 따라 변화되어 또 다른 경제학 이론을 부른다. 유효수요 이론을 주창한 케인즈 경제학은 불황에 빠진 경제를 살리기 위해서는 정부의 개입이 필요하다는 데 근본을 두고 있다. 초기 경제학과는 정반대의 입장인 것이다. 이후 다시 지나친 정부의 개입과 보호무역 등에 직면한 세계의 문제들은 '부활한 애덤 스미스'라는 별명을 가진, 시장의 자율조정기능을 중요시한 밀턴 프리드먼의 등장을 부르게 된다. 이처럼 경제학자들은 그 시대의 필요와 문제를 해결하기 위해서 자신의 이론을 만들어가는 것이다. 철학의 실용화라고 할 수 있는데, 그래서 로버트 L. 하일브로너는 경제학자들을 두고 '세속의 철학자들(worldly philosopher)'이라고 부르기도 했다. 그는 같은 이름의 자신의 책에서 경제학자들에 대해 다음과 같이 말한다.

"그들은 철학 체계 속에 모든 인간 행위 가운데 가장 세속적인 부분, 즉 부를 향한 욕구를 포함시키려는 시도를 했다. 아마 가장 우아한 철학은 아닐지라도 이보다 더 흥미롭고 중요한 철학은 없을 것이다."

세속의 철학자들

애덤 스미스를 비롯한 맬서스 등의 초기 경제학자들은 모두 철학적 기반 위에서 경제학을 연구했다. 애덤 스미스는 자신의 명저 『국부론』을 저술하기 이전에 『도덕감정론』이라는 도덕철학책을 출간했던 철학자이다. 도덕철학은 아주 포괄적인 학문으로 자연신학, 윤리학, 법철학, 정치·경제학을 포함하는 학문인데, 이 책을 통해 그는 영국 철학자들 중에 선두의 자리를 차지할 수 있었다. 철학을 비롯한 다양한 학문의 지식기반을 바탕으로 자신의 경제학 이론을 만들어낸 것이다. 그의 근대경제학은 그동안 세상을 지배해왔던 철학적인 기반을 생각한다면 정말 역사적인 새 출발이라고 할 수 있을 정도다. 역사상 최고 철학자 중의 한 사람인 아리스토텔레스도 "태어날 때부터 어떤 사람은 예속될 운명을, 어떤 사람은 명령할 운명을 타고 태어난다"라고 말했다. 이런 철학적 기반은 애덤 스미스 때까지 이어져 하층 노동계급의 존재는 당연한 것이고, 금전이나 시장에 관련된 일은 신사나 학자가 진지하게 고민할 일은 아니라는 생각이 지배적이었다. 하지만 애덤 스미스는 그 당시의 현실 문제를 진지하게 고민해 '보이지 않는 손'이라는 명제를 기반으로 하는 자유방임이론을 주창한 것이다.

이후 등장한 케인즈 학파와 신자유주의 경제학자들 역시 그 기반은 철학에 두고 있었다. 시카고 대학에서 사회·정치·철학 교수를 역임한 하이에크의 경제적 기반은 철학이었다. 그래서 훗날 그를 두고 '현대의 지성을 대표하는 철인적 지도자'라고 평가하기도 한다. 이렇듯 철학 및 인문학적 기반을 두고 경제 이론을 정립하고 경제를 운용하는 것은 현대의 투자자들 역시 마찬가지이다. 조지 소로스는 자신의 투자 철학을 다음과 같이 이야기한다. "철학적 사고를 통해 얻은 이론들을 현장에 적용한 결과 나는 주가가 오를 때나 내릴 때나 언제든지 돈을 벌 수 있었다." 세계 최고의 투자자가 된 지금도 그는 철학을 공부하고 세계적인 철학자들과 교류를 계속하고 있다고 한다.

중국에서 최고 부자로 손꼽히는 기업가 리자청 역시 잠자기 전 30분 독서를 통해 역사, 철학, 경제 서적을 읽고 매 주일마다 자녀들에게 고전을 읽어주고 함께 토론을 했다고 한다. 재일교포 3세 기업인 손정의 역시 독서에 관한 일화가 있다. 젊은 시절 만성간염으로 병원에 입원했을 때 그는 약 4,000권의 책을 읽었다고 한다. 물론 그중 대부분은 인문고전이다. 독서를 통해 일본 최고의 부자 기업인이 된 기반을 만든 것이다.

돈을 벌고 싶고 경제적 번영을 이루고 싶은 사람들의 욕망을 대변하듯이 요즘의 경제학은 미래를 예측하는 쪽으로도 큰 흐름을 이루고 있다. 통계와 수학을 통해 경제의 흐름을 예측하려는 계량경제학, 복잡한 경제와 사회현상 속에서 사람들의 심리가 경제적인 결정을 한다는 이론을 연구한 행동경제학 등이 바로 그것이다. 또한 사람들이 경제학을 바라보는 시선 역시 미래를 예견하고, 경제적 번영을 계속 이어가기를 바라는 쪽으로 기울고 있다. 지난 2008년 11월 런던 정경대를 방문한 엘리자베스 2세 여왕은 "왜 아무도 경제 위기를 예측하지 못했습니까?"라고 물었다. 그러자 당황한 경제학자들과 정부 당국자들은 토론과 연구를 거듭해 다음과 같은 결론을 도출하여 여왕에게 반성문을 보냈다고 한다.

"위기가 얼마나 큰 규모로 언제 찾아올지 예측하지 못한 것은 경제 시스템의 전체적인 위험성을 이해할 만큼 집단적인 창의성을 발휘하지 못했기 때문이다."

물론 최고의 학자들이 모여 결론을 내었기에 그 반성문에 토를 달 사람은 없을 것이다. 하지만 새로운 경제 환경에 맞춘 경제학 이론이 새롭게 태어날 시점이 되지 않았나 생각해 볼 수도 있다. 송병락 서울대 경제학부 명예교수는 이에 대해 "정부의 규제 없이 기업이 자유 경쟁하는 걸 이상으로 여기는 기존 경제학의 패러다임이 아닌, 혁신을 이룬 기업이 성장을 이끄는 걸 강조했던 슘페터의 정신을 잇는 이론이 힘을 얻을 것"이라고 말했다. 또한 『자본주의 4.0』의 저자 아나톨 칼레츠키는 "앞으로 예측불가능성을 강조한 경제 이론이 핵심 원리가 될 것이고, 민간과 공공이 모두 중요한 역할을 하는 혼합 경제가 대안으로 제시될 것"이라고 밝혀 새로운 경제 이론의 필요성을 강조했다.

최근 들어 온정적 자본주의, 즉 그동안의 승자독식 사회에서 공생과 조화를 추구하는, 모두를 위한 따뜻한 자본주의로 해석되는 새로운 자본주의가 '자본주의 4.0'이라는 이름으로 나와 사람들의 관심을 모으고 있다. 물론 이 책의 주장에 대해서는 강력한 반대 이론도 있다. 신자유주의의 문제점을 부각하면서 더 큰 정부의 규제를 부르는 대안 경제학은 그 부작용이 더 클 수도 있다는 주장이다. 하지만 그동안 능률과 효율, 그리고 오직 경제적 번영만을 추구하는 자본 이기주의에서 벗어나 따뜻하고 온정적인 인본주의에 기반을 둔 새로운 경제학은 현 시점에서 꼭 생각해봐야 할 문제라고 생각된다. 이것이 바로 인간을 존중하는 인문학적인 정신에 바탕을 둔 경제학이라고 할 수 있기 때문이다.

기업의 미래를 결정하는 통찰력

우리나라의 자랑스러운 기업 삼성전자의 오늘이 있게 된 계기가 바로 반도체라는 데 이견을 갖는 사람은 없을 것이다. 그 당시 반도체 투자를 처음 결심한 사람은 이병철 회장이 아닌 이건희 회장이다. 이건희 회장은 동양방송에서 이사로 근무할 당시 우리나라는 반도체 투자가 꼭 필요하다는 판단을 내리고, 투자를 결단했다고 한다.

삼성의 반도체 투자는 어떻게 시작되었나

이건희 회장이 처음 반도체 투자를 결심한 시점은 제1차 석유파동을 보았을 때이다. 그는 세계의 모든 정보가 모이는 방송국에 근무하면서 세상을 뒤흔든 석유의 위력을 체험적으로 알게 된다. 그리고 그것이 무기화되었을 때의 가공할 위력과 위기를 절감하고 우리나라 산업이 나아갈 방향에 대해 고민하기 시작한다. 그리고 석유와 직접적으로 연관이 없고 모래로부터 최고의 부가가치를 만들 수 있는 반도체가 앞으로의 미래 산업이라는 결론에 도달하게 된다. 이것이 바로 역사적 사례를 기반으로 현실을 냉철하게 보는 관찰의 단계이다. 그리고 다양한 관찰을 통해 그에게는 직관에 의한 놀라운 통찰력이 생긴다. '석유무기화로부터 자유로운 사업, 컴퓨터와 전자제품에 필수적인 물질을 만드는 사업, 그리고 산업사회에서 지식산업으로 전환되는 시점에 꼭 필요한 사업, 그것이 바로 미래 산업이다!' 지금 세상에서 벌어지고 있는 일들을 보면서 앞날에 벌어질 일들을 예측하고 감지한 것이다. 그의 예측대로 중동의 산유국들은 석유를 무기화하고 제2, 3의 석유파동을 시간을 두고 계속 일으켰고, 세계는 급격하게 산업사회에서 지식산업으로 전환하면서, 선점해서 승리하는 기업과 방관함으로써 퇴보하는 기업으로 나뉘게 된다.

그러나 그의 이런 구상은 이병철 회장을 비롯한 삼성그룹 임원진의 반대에 봉착한다. 일을 시작한 후에는 그 어떤 어려움도 모두 뛰어넘는 추진력을 보이지만 일단 사업을 시작하기 전에는 돌다리도 두드릴 정도로 신중한 이병철 회장에게, 반도체라는 듣지도 보지도 못한 사업을 추진하려는 이건희 회장의 주장은 미숙한 아들의 철없는 구상일 수밖에 없었다. 일단 투자를 시작하면 그 당시 삼성으로서는 생각할 수도 없는 규모의 돈이 들고, 만약 실패한다면 삼성그룹의 근본부터 무너질 수도 있는 반도체 투자는 정말 받아들이기 어려운 제안이었던 것이다. 하지만 이건희 회장은 자신의 사재를 털어서 한국반도체라는 도산 직전의 회사를 인수한다. 그리고 이병철 회장을 다음과 같은 논리로 설득한다.

첫째, TV와 냉장고 등의 제품에서 그 핵심부품인 반도체를 일본에 의존해서는 영원히 일본을 뛰어넘을 수 없다.

둘째, 석유가 무기화되고 있는 시점에서 자원이 부족한 우리나라가 도약하려면 석유와 관련이 없는 고부가가치 제품이 꼭 필요한데 그것이 바로 반도체이다.

셋째, 과거 우리나라는 고려청자와 조선백자를 만들 정도로 손가락 감각이 뛰어난 민족이다. 또한 일상생활에서도 젓가락을 사용하고, 하나의 뚝배기에서 국을 함께 먹을 정도로 협력성이 강한 민족이므로 반도체의 섬세한 기술에 강점이 있다.

이것이 바로 냉철함을 기반으로 한 놀라운 분석의 단계이다. 그 당시 이름도 잘 알려지지 않은 반도체 사업의 '업'의 개념을 정확하게 분석해 낸 것이다.

여담이지만 이건희 회장의 사업의 본질을 꿰뚫어보는 '업'의 개념은 그가 삼성그룹의 회장이 되어 그룹을 운영할 때도 경영의 핵심이 되었다. 그는 호텔은 '부동산 산업', 반도체는 '시간 산업', 시계는 '패션 산업', 그리고 카드 사업은 '술장사'라는 업의 개념을 설파했다. 그중에 가장 재미있는 카드 사업에 대한 그의 설명을 들어보자. "술장사가 돈을 버느냐 못 버느냐는 술값을 제대로 받아낼 수 있느냐 없느냐에 달렸다. 외상이 많은 술집이 운영될 수 없듯이 카드 역시 마찬가지다. 따라서 카드 사업은 부실채권 회수와 연체율 최소화, 그리고 채권 회수 시스템의 효율적인 구축이 바로 사업의 성패를 좌우한다."

아마 이처럼 카드 사업의 핵심을 잘 집어낸 말은 없을 것이다. 특히 카드 파동을 통해 호된 고난을 겪었던 우리 사회를 생각해보면, 그런 업에 대한 개념이 정립되지 않은 상태에서 벌이는 일들이 얼마나 불안하고 두려운 결과를 만드는지 알 수 있다.

관찰과 분석의 다음 단계인 결단과 강력한 추진은 이건희 회장과 이병철 회장의 합작품이라고 할 수 있다. 이병철 회장은 일본 내 수많은 지인과 정보통들을 두고 있었다. 그 정보통들은 모두 입을 모아 삼성의 반도체 투자는 망하는 길이라고 이병철 회장을 만류했다. 그때 고심을 거듭하던 이병철 회장을 결정적으로 움직인 것은 한 장의 보고서였다고 한다.

"철강은 톤 당 340달러, 석탄은 40달러, 알루미늄은 3천 400달러, TV는 2만 1,300달러, 반도체는 85억 달러, 소프트웨어는 426억 달러의 부가가치가 있다."

물론 이 정보 하나가 그를 온전히 움직였다고 할 수는 없다. 그러나 앞서 수많은 정보 수집과 의견 수렴, 그리고 밤잠을 못 이루는 생각들, 이 모든 것이 밑바탕이 되었지만 결단의 순간에 필요한 것은 바로 이 한 장의 보고서였을 것이라는 것이 내 생각이다. 바로 이 정보에 담겨 있는 '미래', 그 한 단어를 마음의 눈으로 읽고 그는 그룹의 존립을 흔들 수도 있는 투자 결단을 한 것이다.

  이건희 회장이 반도체 사업을 진행하는 과정에서 통찰을 이끌어 내는 사고법의 가장 정확한 예시가 되는 이야기가 있어서 소개하고자 한다. 4메가 디램 생산 방식을 결정하면서 전 세계 반도체 기업들은 모두 고민에 빠진다. 그 당시 스택방식과 트렌치방식의 두 가지 방식 중에서 어떤 생산 공정을 선택할지를 두고 결정을 내리지 못하고 있었던 것이다. 이러한 방식의 결정은 회사의 존립을 결정할 중요한 결단을 요구한다. 따라서 반도체 업계는 고심을 거듭할 수밖에 없었는데, 이때 이건희 회장은 스택방식을 선택하고 과감하게 밀어붙인다. 그 결정의 근거는 이렇다. 스택방식은 빌딩을 지을 때처럼 위로 쌓아올리는 공정이고, 트렌치방식은 지하로 파내려 가는 방식이다. 아파트 건설처럼 위로 쌓아 올라가는 스택방식은 만약 문제가 생기면 직접 그 문제를 보고 확인할 수가 있지만, 지하로 쌓아가는 트렌치방식은 문제가 생기면 다 허물지 않는 한 그 문제를 확인해볼 수가 없다. 어떻게 보면 상당히 단순한 생각 같지만 굉장히 통찰력 있는 사고가 아닐 수 없다. 이때 그가 사용한 사고법이 바로 '유추'이다. 반도체와 같은 초소형의 제품을 아파트나 빌딩 건설을 통해 유추한 것이다. 결국 이 결정은 옳았던 것으로 드러났고 삼성은 반도체 시장에서 확고한 기반을 확보한다. 그 당시까지 세계 1위 업체였던 도시바는 트렌치방식을 선택하는 실책으로 말미암아 그 자리를 히타치에게 내주고 말았다.

이병철과 이건희의 선견력

그러면 이병철 회장과 이건희 회장의 선견력은 과연 어디서 나왔을까? 여러 가지가 있을 수 있겠으나 그중 하나는 바로 고전의 힘이라고 할 수 있다. 어려서 서당에서 고전을 배운 이병철 회장은 자신의 모든 경영은 『논어』에서 배웠다고 할 정도로 『논어』를 곁에 두고 평생을 읽었다. 그 외 『사서』 등의 고전을 비롯해 소설 같은 문학책들까지 그야말로 닥치는 대로 책을 읽었지만 최신 경영과 경제학을 알려주는 책은 거의 읽지 않았다고 한다. 그리고 이건희 회장에게도 『논어』를 물려주었고, 『한비자』를 통해 사람 운영의 지혜를 배우라고 가르쳤다고 한다. 이처럼 삼성 경영의 모든 지혜는 고전 인문학의 지식에서 얻었다고 해도 과언이 아니다. 이건희 회장 역시 장자의 '목계'를 중요한 지침으로 삼았고, 존경하는 인물인 다산 정약용의 책을 통해 경영의 통찰력을 몸에 익혔다고 한다.

이것이 바로 삼성의 경영진이 가진 중요한 통찰력의 기반이었을 것이다. 역사적 사례에 대한 충분한 지식이 현실을 정확하게 관찰하는 힘이 되었고 논어에서 말한 온고이지신(溫故而知新), 즉 새로운 아이디어를 만드는 유추를 가능하게 한 것이다. 중국의 고전들은 모두 역사적인 경험들이 핵심을 이룬다. 역사적 경험과 사례들을 매우 중시하여, 그것을 기록해서 미래의 거울로 삼았다. 경험과 사실, 그리고 역사를 통해 과거를 돌이켜 미래를 아는 이런 고전을 완전히 익히게 되면 그것이 주는 지혜, 통찰력이 생긴다. 삼성을 이끈 두 사람, 이병철 회장과 이건희 회장은 이런 능력이 몸에 배어 있던 것이다. 옛 고전이 지금도 끊임없이 읽히고 많은 지혜를 사람들에게 줄 수 있는 것은 이 고전들이 변하지 않는 것을 다루고 있기 때문이다. 사회도, 문화도, 기술도 모두 변하지만 사람은 변하지 않는 법이다. 그래서 사람을 다루는 고전을 공부함으로써 오늘날의 거대기업도 운영할 수 있는 지혜가 생기는 것이다. 이와 비슷한 예로, 나폴레옹은 전투를 앞두고 항상 그 전에 공부했던 '역사적 사례'를 통해 전략을 세울 직관을 얻었다고 한다. 나폴레옹은 20대 후반에 장군이 되었는데, 장군이 되기 전에 인류 역사에서 벌어졌던 중요한 전쟁에 관한 연구를 마쳐 그것을 자신의 머릿속에 모두 넣어두었다고 한다. 그 역사적 사례가 관찰을 통한 자신의 경험과 혼합되면서 전장에서 승리할 수 있는 결정적인 판단을 내릴 수 있게 했던 것이다.

현대의 기업 경영은 과거와는 달리 불확실성에 얼마나 잘 대처하는가에 따라 그 성패가 좌우된다. 특히 산업화 시대에 접어들면서 새로운 경쟁자와 혁신적인 기술이 전혀 예측할 수 없을 정도로 불연속적으로 출현함으로써 그것에 미리 대비하기는 불가능할 정도가 되었다. 과거의 추세나 자료의 분석은 더 이상 의미가 없어졌다. 따라서 기업을 이끌어가는 리더는 위기에 대처하는 경영 전략을 철저히 준비함은 물론 다가오는 미래를 내다보는 통찰력을 키우는 노력을 병행하지 않으면 안 된다. 리더는 인텔의 전 회장 앤드류 그로브가 말한 것처럼 '다가올 수도 있는 미래의 위험에 항상 초긴장 상태로 대비'해야 하지만, 이건희 회장이나 스티브 잡스처럼 탁월한 통찰력으로 새로운 미래를 개척할 책임도 있기 때문이다.

제5장

통찰력을 키우는 인문독서법

- 천재를 만드는 존 스튜어트 밀 식 독서법
- 통찰력을 키우는 인문독서법
- 통찰력, 이렇게 키워라

천재를 만드는
존 스튜어트 밀 식 독서법

19세기 인류의 지성을 이끈 최고의 사상가로 『자유론』의 저자 존 스튜어트 밀을 드는 데 의구심을 가질 사람은 없을 것이다. 그는 개인의 자유를 외친 철저한 자유주의자로 현대 민주주의와 사회주의 모두에 사상적인 기반을 제공했던 천재였다. 또한 경제학 분야에서도 필생의 역작 『정치경제원리』를 통해 정치학과 철학, 그리고 경제학에도 정통한 최후의 정치경제학자로 꼽힌다. 그는 자신의 자서전에서 밝혔듯이 평범한 사람, 아니 그 자신의 표현을 빌리자면 평균 이하의 머리를 한 사람이 어떻게 인문독서를 통해 천재의 반열에 들 수 있었는지를 생생하게 보여주고 있다. 그의 독서법은 서양 지식층들의 귀감이 되어 많은 사람들이 자녀들의 교육에 적용하였다. 처칠, 에디슨, 아인슈타인 등 많은 천재들이 초기의 어려움을 극복하고 인류의 미래를 바꾼 업적을 쌓을 수 있었던 것은 모두 존 스튜어트 밀 식 인문독서법에 힘입었다고 해도 과언이 아닐 정도이다. 또한 시카고 대학의 대변신을 이끌었던 '시카고 플랜'의 모범이 되기도 했다.

그의 독서법은 우리나라에서도 소위 '천재를 만드는 독서법'으로 많은 책에서 소개하고 있지만 독자들의 호기심과 관심을 끄는 데만 집중하는 경우가 많았다. 이를테면 단순히 둔재도 천재가 될 수 있다는 독서법만 강조하고 그 기반이 되는 핵심적인 요소는 간과하는 것이다. 존 스튜어트 밀의 천재독서법을 이야기하기 전에 그 핵심적인 기반과 함께 파생될 수도 있는 문제점에 대해서 먼저 짚어보자.

존 스튜어트 밀 천재교육의 첫 번째 기반은 학교 공부가 아니라 그 당시 최고의 사상가 중의 한 명이었던 아버지, 제임스 밀의 가정교육으로만 이루어졌다는 것이다. 세 살 때부터 아버지가 곁에 두고 철저하게 계획적인 공부를 시켰기에 남들보다 25년을 앞서가는 교육이 가능했다. 그의 아버지는 밀이 또래 다른 아이들에 비해 많은 지식을 갖춘 것은 그가 잘나서라기보다는 운 좋게 좋은 아버지를 만나 좋은 교육을 받은 덕분이라고 이야기하기도 했다.

천재교육이 가능했던 또 한 가지 배경은 철저하게 주입식 교육을 배제한 아버지의 교수법이다. 그의 아버지는 배운 것이 무엇이든지 간에 기억력의 단순한 연습이 아니라 완전한 이해를 아들에게 요구했다. 따라서 밀은 끊임없이 생각을 거듭하면서 해답을 혼자 힘으로 찾아야 했다.

마지막으로 그의 기반이 된 것은 바로 아버지의 친구들을 비롯한 많은 멘토들이 곁에 있었다는 것이다. 그는 당대 최고의 지식인이었던 멘토들로 인해 다양한 분야에서 다양한 관점의 습득이 가능했다. 이런 배경들로 인해 밀은 한 시대를 풍미하는 최고의 천재가 될 수 있었다.

하지만 이런 놀라운 성과의 이면에는 그동안 우리에게 잘 알려지지 않았던 어두운 면이 있다. 밀은 어릴 때부터 지나칠 정도로 지식의 습득에 몰입한 나머지 감성적인 면에서 심각한 부조화를 겪어야 했다. 머릿속은 지식으로 채웠지만 마음을 채우지는 못한 것이다. 그래서 그는 이십대 초반에 삶의 의욕을 잃는 큰 위기를 겪기도 했다. 한동안 지적인 조류에 휩쓸려 고통을 겪던 그는 윌리엄 워즈워스 등 영국 낭만파 시인들의 시에 의해 감성과 상상력을 회복하게 된다. 또한 우리가 그의 독서법을 무작정 따라 하기만 하는 데는 한계가 있다. 그의 독서법은 서양철학에 집중되어 있어 순전하게 우리가 따를 수 없는 것이다. 우리는 동양철학도 읽어야 하고 감성을 살려주는 다양한 분야의 문학책도 필요로 한다. 그리고 밀 이후에 출간되어 고전의 반열에 오른 책들도 많이 있다. 또한 어린 시절 당대의 지식인이었던 아버지에 의존하여 공부했던 그의 공부 방식을 우리가 그대로 답습하기는 어렵다. 문화와 삶의 방식이 현저하게 다른 그 시대의 천재독서법을 무작정 받아들일 것이 아니라 오직 서양 지식층에게만 맞는 공부의 한계, 그것을 잘 비켜가면서 익혀야 우리에게 꼭 필요한 독서법을 제대로 체득할 수 있을 것이다.

하지만 그의 독서법에는 우리가 결코 놓쳐서는 안 되는 것들이 있다. 바로 공부의 핵심이라고도 할 수 있는 것들인데, 그의 독서법은 단순히 책을 읽는 것이 아니라 독서를 통한 배움의 과정이었다. 따라서 우리는 단순히 그가 읽은 책을 답습하는 것이 아니라 그가 책을 읽고 어떻게 자신의 것으로 만들어나갔는지를 배워야 한다.

1) 독서로 지식의 기반을 쌓다

존 스튜어트 밀 독서의 시작은 그리스어 독학이다. 그는 세 살 때 아버지가 단어집이라고 이름 붙여준 카드를 가지고 그리스어를 익힌 다음 『이솝 우화집』을 맨 처음 통독했다. 그리고 『아나바시스』, 『소크라테스 추억기』, 헤로도토스의 모든 저서, 「에우튀프론」에서 「테아이테토스」에 이르는 플라톤의 여섯 대화편 등 그리스 산문 작가의 책을 읽었다. 그리고 『로마사』, 『고대사』, 『플루타르크 영웅전』 등의 역사서와 『아프리카 탐험기』 『항해기』 등 다양한 분야의 책을 여덟 살까지 읽어나갔다. 여덟 살이 되면서 그는 라틴어를 배워 베르길리우스의 『목가』와 『아이네이스』, 파이드루스의 『우화』을 읽기 시작했다. 동시에 그리스 작가들의 『일리아드』, 『오디세이』, 아리스토텔레스의 『수사학』, 유클리드 기하학 등을 열두 살까지 모두 읽었다.

열두 살이 되면서 그는 단순히 지식을 얻는 독서에서 벗어나 자신의 생각, 그 자체를 정립하는 데 도움이 되는 독서를 시작한다. 그 시작은 바로 논리학으로 그는 아리스토텔레스의 논리학 책 『오르가논』과 함께 스콜라 철학자들의 논문들, 그리고 홉스의 『계산학 즉 논리학』을 독파한다. 그리고 열세 살이 되면서 아버지의 절친한 친구였던 리카도의 경제학을 배웠고 애덤 스미스의 저서를 읽었다.

성인들의 지적 수준에서도 읽기 어려운 철학서에서부터 경제학에 이르는 많은 분야의 책을 그는 열세 살이 될 때까지, 오늘날의 기준으로 보면 중학교를 졸업하기 전에 읽고 습득했다. 놀라운 천재의 독서법이라고 할 수 있는데 이런 지식기반을 통해 그는 자신의 사상적 기반을 완성해나갔다.

2) 토론을 통해 나의 지식으로 만들다

존 스튜어트 밀은 어린 시절 항상 집필을 하는 아버지 옆에서 책을 읽었다. 그리스어 사전이 없어 모르는 단어가 나오면 일일이 아버지에게 물어봐야 했기 때문이었다. 그리고 항상 아침 식사 전에 아버지와 산책하면서 자신이 전날 배웠던 것을 정리해서 이야기해주었고, 책을 읽어나가면서도 끊임없이 아버지와 담론을 펼쳤다. 이 담론을 통해 그는 아버지로부터 문명·정치·도덕·학문에 관한 여러 가지를 배울 수 있었고 확실한 자신의 관념을 가질 수 있게 되었다. 또한 그는 라틴어를 배우면서는 먼저 배운 것을 여동생에게 가르쳐야 했다. 자신의 공부시간을 빼앗긴다는 점에서 그는 가르치는 일을 싫어했으나 이 훈련을 통해서 많은 소득을 얻었다는 점은 인정하고 있다. 가르침으로써 배운 것을 더욱 확실하게 자신의 것으로 만든 것은 물론, 남에게 여러 가지 것들을 설명하느라 애쓴 것은 그 나이에도 유익했다는 것이다.

그는 16세가 될 무렵부터는 명망 있는 아버지의 친구들에게도 가르침을 받기 시작하는데, 그 과정의 핵심적인 부분이 바로 담론이었다. 그리고 그 후 '공리주의자협회'라고 이름 붙인 자신의 학회를 만들어 다양한 사람들과 함께 논문을 발표하고 토론하는 시간을 가지기도 했다. 여기서 그는 그동안 순수하게 배우기만 했던 배움의 과정에서 벗어나 자신과 대등한 사람들은 물론 자신보다 못한 사람들과 가르침을 주고받는 경험을 하게 된다.

그는 이 다양한 토론의 과정을 통해서 정치·도덕 및 철학의 여러 분야에서 큰 교훈을 얻었을 뿐 아니라 지적으로 뛰어난 사람들과 공명하고 친교를 맺는 기쁨을 얻게 되었다. 또한 머릿속에만 관념적으로 있던 지식들이 외부로 표현되면서 뛰어난 사람들로부터 인정을 받거나, 주고받는 반론을 통해 새로운 지식을 얻기도 했던 것이다.

3) 글쓰기를 통해 체계적으로 생각을 정립하다

역사를 좋아했던 존 스튜어트 밀이 어린 시절 가졌던 취미의 하나는 다양하게 읽은 역사책을 기반으로 자신이 직접 책을 쓰는 것이었다. 그는 후크, 왓슨, 리위우스, 디오뉘시오스 등의 역사책에서 추려낸 자료로 자신이 직접 『로마사』를 지었고 『고대세계사』, 『네덜란드사』, 『로마 정치사』 등의 책을 쓰기도 했다. 아버지가 시킨 것이 아니라 순수하게 자신의 취미로 이 연습을 한 것이다. 또한 그는 시를 쓰기도 했는데 이것은 자신이 좋아서라기보다는 아버지의 권유에 의한 것이었다. 그는 이 과정을 싫어했지만 나중에 글을 쓸 때 필요한 어휘를 쉽게 찾는 데 도움이 되었다고 고백한다.

그의 글쓰기 연습은 또 아버지의 저작을 정리하고 개선하는 작업, 즉 아버지 원고의 교정을 보거나 난외적요(欄外摘要)의 작업을 통해서도 이루어졌다. 난외적요란 저자가 쓴 원고의 요점을 추리고 정리함으로써, 저자가 원고를 쉽게 수정해나갈 수 있게 도움을 주는 것을 말한다. 이런 연습을 통해 밀은 아버지의 깊은 사상을 자신의 것으로 만드는 것은 물론 균형 잡힌 글쓰기의 요령을 터득할 수 있게 된 것이다.

어린 시절의 이 취미를 살려 그는 16세가 되는 때부터는 독서보다는 글을 씀으로써 지적 교양을 키워나가기 시작했다. 논문을 쓰기도 하고 역사상 있었던 일들의 가상의 상황을 가정한 연설문을 쓰기도 한다. 그리고 자신의 능력으로는 도저히 감당할 수 없을 정도의 어려운 주제로 논문을 쓰고 그것에 대해 아버지와 토론을 함으로써 큰 지적 소득을 얻을 수 있었다고 한다.

이런 글쓰기의 과정을 거치면서 밀은 자신의 사상을 더욱 확고하게 정립해나갔고, 앞으로 인류의 지적 혁명을 일으키는 놀라운 저작물을 써내려갈 수 있는 탄탄한 밑바탕을 세워나간 것이다.

통찰력을 키우는 인문독서법

책을 읽지 않고 생각하는 방법을 모르는 사람도 전문지식을 키워나가면 지식노동자의 단계까지는 오를 수 있을 것이다. 하지만 그 위의 단계, 창의적인 통찰의 인재, 감성이 넘치는 통합의 인재까지는 오를 수가 없다. 마크 트웨인은 "책을 읽지 않는 사람은 글을 모르는 사람보다 나을 게 하나도 없다"고 말했다. 요즘은 인터넷과 스마트폰의 영향으로 책을 읽지 않는 사람이 훨씬 더 늘었다고 한다. 필요한 정보는 인터넷을 통해 얻는다고 자신 있게 말하는 사람도 많아졌다. 하지만 이제는 단순히 정보를 얻는다고 해서 성공할 수 있는 시대가 아니다. 자신이 가진 정보의 양이 중요한 것이 아니라, 어떤 정보를 습득하고 그 정보를 어떻게 활용하는지가 중요하다. 스페인의 철학자 호세 오르테가는 이미 오래전 다음과 같이 경고했다. "대량의 지식을 적절히 처리하는 기술에 관한 연구는 인류의 입장에서 더 이상 미룰 수 없는 문제다. 만약 이런 지식의 엄청난 팽창을 통제할 수단을 발견하지 못한다면 인간은 그 안에서 질식하고 말 것이다." 그러면서 그는 "지식의 증대도 중요하지만, 그 이상으로 지식의 단순화를 향하여 실체와 특징을 간과하는 일 없이 진수만을 종합하는 방법을 촉진시켜야 한다"고 주장한다. 정보를 선별하고 선택하고 유추하고 필요한 분야에 적용하는 노력이 필요하다는 말이다. 오늘날 이런 현상은 더욱 심화되었다. 세계적인 미래학자 엘빈 토플러는 자신의 명저 『부의 미래』에서 '무용한(obsolete)'과 '지식(knowledge)'이라는 단어를 합쳐서 '무용지식(obsoledge)'이라는 신조어를 만들었다. 그에 의하면 오늘날의 지식은 모두 식품의 유통기한과 같이 한정된 수명이 있어 어느 시점이 되면 어떤 지식은 쓸모가 없어져 무용지식이 되고 만다는 것이다. 그는 "오늘날 데이터와 정보, 지식이 우리 주변에서 홍수를 이루고 있지만 우리가 알고 있는 많은 부분이 점점 더 진실에서 멀어지고 있다"고 말한다. 그래서 "자신만의 철학과 사고의 얼개를 짜두어야 정신 차리기 힘든 변화의 속도에서도 어지러워하지 않고 중심을 잡을 수 있다"고 충고한다. 현대를 지혜롭게 살아가려면 넘치는 정보를 잘 분별할 수 있는 사람, 즉 생각하는 방법을 아는 사람이 되어야 한다는 것이다.

이렇게 생각하는 방법을 알려주는 것이 바로 인문독서다. 창의와 통찰로 이어지는 실질적이고 활용 가능한 지식은 인문학적인 지식 기반 위에서의 생각하는 힘으로부터 나온다. 우리들이 잘 알고 있는 리더(Leader)들, 인류문명에 큰 전기를 마련한 과학자들, 예술가들, 이들은 모두 리더(Reader)였다. 이들은 좋은 책을 통해 생각의 범위를 넓히고, 새로운 것을 발견하고, 놀라운 창작물들을 만들어내었다.

1) 넓게 멀리 보는 목적의식을 가지고 읽어라

앞에서 언급한 존 스튜어트 밀처럼 어린 시절부터 오직 독서에만 매진할 수 있는 사람은 지금 현실에서는 찾기가 어려울 것이다. 학생은 공부를 해야 하고 직장인은 직장생활을 해야 한다. 따라서 독서하는 시간 역시 나머지 시간을 활용해야 하기 때문에 제한된 시간을 얼마나 효율적으로 유용하게 사용하는지가 중요하다.

독서를 하기 위해서는 확실한 목적을 먼저 정하는 것이 좋다. 독서는 물론 평생 하는 것이지만 지금 현시점에서 가장 필요한 독서의 목적이 있을 것이다. 자신의 전공을 살리는 독서, 전공을 보완하기 위한 독서, 미래 계획을 위한 독서, 혹은 폭넓은 사고를 하는 데 도움이 되는 독서 등 어떤 목적을 위한 것이냐에 따라서 읽어야 하는 책도, 그 우선순위도 달라질 것이다.

2차 세계대전의 영웅 처칠은 어린 시절부터 역사책을 즐겨 읽었고 특히 원서 그대로 독서하는 습관이 있었다고 한다. 자신의 의도라기보다는 집안의 내력이라고 할 수 있는데, 특히 그는 『로마제국쇠망사』를 즐겨 읽었다. 이 책을 통해 그는 미래 비전을 만들어나간 것은 물론이고, 격조 높은 어법도 배웠다. 원래 눌변가였던 그는 이런 노력을 통해 20세기 최고 웅변가 중의 한 사람이 되었고, 문장력을 연마하여 노벨 문학상을 수상하기도 한다. 그리고 플라톤의 『국가론』, 아리스토텔레스의 『정치학』, 애덤 스미스의 『국부론』도 읽었는데 이러한 독서습관은 군인을 거쳐 정치가가 되려던 그의 미래 계획과 관계가 있었다. 그리고 자신의 미래를 개척하는 데 이런 독서습관이 큰 힘이 된 것은 물론이다. 윈스턴 처칠은 철저하게 계획을 중시한 사람이었다. 그래서 그는 "비록 계획한 것을 잘 지키지 못하더라도 계획하지 않은 사람보다 계획한 사람이 낫다"고 말하기도 했다.

노예해방을 이끈 미국의 가장 위대한 대통령인 링컨 역시 자신의 정치적인 꿈을 위해 책을 읽은 사람이다. 그는 젊은 시절 『스콧의 웅변술』을 통해 대중연설에 대해 배웠고 키케로, 데모스테네스, 그리고 셰익스피어의 작품에 나오는 명연설을 배워 열심히 익히기도 했다. 이런 노력의 결과 그는 훗날 역사상 최고의 명연설로 꼽히는 게티스버그 연설을 남기게 된다.

현존하는 최고의 투자자를 꼽자면 당연히 워런 버핏을 들 수 있을 것이다. 그는 최고의 투자자답게 다른 사람과는 좀 다른 독서성향을 보인다. 그는 어릴 때부터 주식 관련서를 비롯한 돈 버는 방법, 창업에 관련된 서적을 집중해서 읽었다. 당시 『1천 달러를 버는 1천 가지 방법』을 가장 좋아해서 몇 번에 걸쳐 탐독했다고 한다. 그리고 벤

자민 그레이엄의 『현명한 투자자』를 비롯하여 『카네기 인간관계론』 『세상의 중심에 너 홀로 서라』 등의 자기계발서도 많이 읽었다고 한다. 그는 인문독서를 하지 않은 대신 신문과 잡지를 통해 균형 잡힌 시각을 갖도록 노력했다. 〈월 스트리트 저널〉〈파이낸셜 타임즈〉〈뉴욕 타임스〉〈이코노미스트〉 등 주력 신문들은 빠짐없이 읽었는데 이런 신문 보는 습관은 세계 최고의 부자가 된 오늘날까지 계속되고 있다고 한다.

자신의 꿈과 계획에 맞추어 독서를 했던 또 한 사람을 들자면 『데미안』이라는 작품으로 우리에게 친근한 헤르만 헤세를 들 수 있다. 그는 어린 시절 시인이 되고자 수도원 학교에서 도망친 뒤 시계 공장과 서점에서 견습 사원으로 일했다. 특히 서점에 근무하는 4년 동안 맹렬하게 독서를 했는데 동서양의 고전을 두루 섭렵했다. 논어, 시경, 장자, 맹자 등 동양 고전을 비롯하여 괴테, 셰익스피어의 서양 명작 등 폭넓은 그의 독서영역은 훗날 그를 노벨상을 수상할 정도의 대문호로 만들어주었다. 그리고 유난히 우리나라를 비롯한 동양에 그의 애독자들이 많은 것은 그가 읽었던 동양의 고전들과 어린 시절 인도를 여행했던 그의 경험에 힘입은 바가 크지 않았을까 생각된다. 경험과 독서를 통해 얻은 동양 문화에 대한 이해와 사랑이 그의 저술 속에 녹아 있기 때문일 것이다. '독서의 신'이라고도 불린 그의 독서경험을 바탕으로 쓰인 『독서의 기술』이라는 책에서 그는 이렇게 말한다.

"내가 여기서 말하고 싶은 것은 책의 수준이 아니라 독서의 질이다. 삶의 한 걸음 한 호흡마다 그러하듯, 우리는 독서에서 무언가 기대하는 바가 있어야 마땅하다. 그리고 더 풍성한 힘을 얻고자 온 힘을 기울이고 의식적으로 자신을 재발견하기 위해 스스로를 버리고 몰두할 줄 알아야 한다. 한 권 한 권 책을 읽어나가면서 기쁨이나 위로 혹은 마음의 평안이나 힘을 얻지 못한다면, 문학사를 줄줄 꿰고 있다 한들 무슨 소용인가? 아무 생각 없이 산만한 정신으로 책을 읽는 건 눈을 감은 채 아름다운 풍경 속을 거니는 것과 다를 바 없다. 또한 우리는 자신과 자신의 일상을 잊고자 책을 읽어서도 안 된다. 이와는 반대로 더 성숙하게 우리의 삶을 더 단단히 부여잡기 위해 책을 읽어야 한다. 우리가 책으로 향할 때는, 겁에 질린 학생이 호랑이 선생님에게 불려가듯 백수건달이 술병을 잡듯 해서는 안 될 것이며, 마치 알프스를 오르는 산악인의 또는 전쟁터에 나가는 군인이 병기고 안으로 들어설 때의 마음가짐을 가져야 하리라. 살 의지를 상실한 도망자로서가 아니라, 굳은 의지를 품고 친구와 조력자들에게 나아가듯이 말이다."

2) 즐겁게 읽어라

'요즘은 인문학을 강조하는 시대이니까 책을 읽지 않으면 도태될지도 모른다' 하는 중압감으로 책을 읽는 사람도 많이 있을 것이다. 아마 대부분의 사람들이 그럴지도 모르겠다. 나는 그렇게라도 책을 손에 잡는 것이 중요하다고 생각한다. '이미 늦었다'고 자포자기하는 사람보다는 훨씬 낫다. 하지만 그런 사람 중에서도 어떤 책을 먼저 읽어나갈 것인가 하는 첫 선택에 따라 그 결과는 정반대로 갈린다. 먼저 읽을 책을 잘 고르는 선택의 지혜가 꼭 필요하다. 인기에 영합한 베스트셀러 위주의 책을 선택한다든지 처음부터 아무런 준비도 없이 너무 어려운 책을 고른다든지 하면 좌절하기 쉽다. 요즘은 정보가 완전히 개방되어 있는 시대다. 인터넷이 주는 편리함을 독서에서도 적극적으로 활용하는 것이 좋다. 이미 수많은 블로그와 독서 관련 사이트들이 좋은 책을 추천하고 있고 책에 대한 서평도 수없이 올라와 있다. 신문에도 매주 좋은 책의 서평이 실리고 다양한 매체에 많지는 않지만 독서에 관한 프로그램들이 있다. 관심을 가지고 찾아서 그 정보를 활용하면 좋겠다.

  좋은 책을 골랐다면 그 다음은 읽는 방법이다. 인문학 책은 어렵다. 처음 읽는 사람들은 도무지 이해하기도 어렵고 무엇을 말하려는지 뜻을 헤아려 읽기도 벅차다. 특히 해설서가 아닌 원서를 처음 잡았을 때는 머릿속이 헝클어져 조금 읽다 보면 수습하기 어려운 지경까지 이르기도 한다. 나는 책을 들었다고 해서 그 책을 끝까지 읽을 필요는 없다고 생각한다. '책을 들었다면 끝까지 파고들어라'고 권하는 세태에서 좀 의외라고 생각하는 사람도 있을 것이다. 책을 의무감에서 잡은 사람은 아무리 어렵고 이해가 안 돼도 끝까지 끙끙거리며 읽는다. '얼마 주고 산 책인데……' 하는 물질적인 생각까지 겹치면 더더욱 그렇다. 하지만 나는 재미없고 어려운 책을 끝까지 읽는 시간이 더 아깝다. 직장인이든 학생이든 독서하는 그 시간은 분명히 쪼개고 쪼개서 얻은 시간일 것이다. 그런 시간에 머리에 들어오지도 않는 내용을 끙끙거리며 읽는 것은 인생의 낭비다. 그래서 단계를 밟아 읽어나가는 것이 좋다. 처음부터 너무 어려운 책으로 시작하면 시작도 하기 전에 지칠 수가 있는 것이다. 정확한 의미는 좀 다르지만 『논어』에서 말하는 다문궐의(多聞闕疑), 즉 많이 듣고 의심나는 것은 좀 제쳐두는 지혜를 독서에서도 차용하면 어떨까 생각한다.

그리고 즐겁게 읽어야 한다. 우리의 머리는 새로운 것을 배우는 것을 본능적으로 좋아한다. 공부도 마찬가지지만 독서도 즐겁게 해야 최고의 효율을 거둘 수 있다는 것은 진리다. 학습심리학을 비롯한 다양한 분야의 학자들은 물론 고대 철학자들까지 즐겁게 공부하라는 지혜를 가르쳐주고 있다.

"아는 것은 좋아하는 것만 못하고, 좋아하는 것은 즐거워하는 것만 못하다."

『논어』의 「옹야」편에 나오는 글로 익숙한 사람이 많을 것이다.

무슨 일이든지 단지 아는 것뿐인 단계는 좋아하는 단계에는 미치지 못한다. 하지만 좋아하는 단계 역시 그것을 즐기는 것을 따라갈 수 없다. 무슨 일이든지 좋아하는 단계를 지나 즐기는 단계가 되어야 그 대상과 일체가 되었다고 할 수 있다.

유명한 정신과 의사인 이시형 박사는 자신의 저서 『공부하는 독종이 살아남는다』에서 이렇게 설명하고 있다.

"뇌는 뭔가를 달성할 때 즐거움을 느낀다. 이때 우리 뇌는 그 기분 좋은 상태를 유지하기 위하여 도파민, 세로토닌 등의 쾌락보수 물질을 방출한다. 뇌가 우리에게 푸짐한 상을 주는 것이다. 이 과정이 반복되면 습관이 된다. 이런 현상을 뇌과학에서는 강화학습이라고 한다. 공부를 해서 하나를 알면 기분 좋은 보상을 해주고, 그러면 다시 보상을 받기 위해 공부를 더 하게 되는 현상이다. 이 간단한 원리를 잘 활용하면 공부를 습관처럼 하게 된다."

공부를 어떻게 하면 잘할 수 있을까 고민하는 사람에게는 정말 매력적인 말이 아닐 수 없다. 즐겁게 공부하는 것! 그것이 바로 공부를 잘하는 비법이다! 그리고 작은 목표부터 시작하여 단계적으로 수준을 높여가는 현명한 방법이 필요하다. 이것을 학습심리학에서 스몰스텝(small step)법이라고 하는데 말 그대로 첫걸음을 작게 뗌으로써 그 일을 계속할 수 있는 심리적인 기반을 만드는 것이다. 이렇게 하나하나 목표를 달성해가면서 강화학습이 가능해진다.

이런 교육방법을 직접 실천하는 민족도 있다. 지식과 지혜를 소중히 여기는 유대인들은 자녀가 어릴 때부터 지혜의 책, 탈무드를 읽힌다. 그런 유대인에게 전해지는 "탈무드에 꿀을 바른다"라는 말이 있다. 물론 상징적인 이야기이지만 그만큼 공부를 하고 지혜를 얻는 일이 꿀처럼 달고 즐거운 일이라는 것을 어릴 때부터 아이들에게 깨우쳐 주는 것이다. 그리고 실제로 이런 일을 하고 있는 곳도 있다. 동유럽의 유대인 서당인 헤델에서는 아이들이 히브리어 알파벳을 하나씩 외울 때마다 실제로 벌꿀 한 방울씩을 혀끝에 떨어뜨려준다고 한다. 이런 교육을 받은 유대인 어린이들은 배움이 얼마나 달콤한 것인지를 머릿속에 각인함으로써 평생 공부하는 자세를 잃지 않는 것이다.

바람의 딸, 한비야를 잘 알고 있을 것이다. 많은 베스트셀러로도 유명하지만 월드비전 긴급구호팀장으로서의 봉사활동으로도 유명한 그의 인생은 그 자체가 마치 오지탐험처럼 보인다. 수많은 도전 끝에 이제 자리를 잡나 했더니 다시 인도적 지원에 관한 공부를 하겠다며 미국으로 떠났다(지금은 유엔 긴급기금 자문위원에 임명되어 근무하고 있다). 그녀는 그만 좀 하라는 주위의 만류에 대해 "쉰이 넘은 나이에 무슨 공부냐고 하겠지만 좀 더 쓸모 있는 구호대원이 되기 위해서는 꼭 필요한 공부이며 지금이 이 공부를 해야 할 때라고 판단했기 때문입니다"라고 자신의 소신을 말한다.

한비야는 고등학교 1학년 시절 좋아하던 국어 선생님이 권유한 '1년에 백 권 읽기'를 멋지게 성공한 이래 지금껏 계속해오고 있다고 한다. 그녀는 '1년에 백 권 읽기'를 해마다 달성하면서, 백 살까지 산다고 해도 앞으로 읽을 수 있는 책이 5천 권밖에 되지 않는다고 생각하면 가슴이 덜컥 내려앉으며 마음이 조급해진다고 한다. 이것을 보면 그녀의 끝없는 도전정신의 근원이 어디에 있는지 쉽사리 짐작할 수 있다. 나는 공부에 대한 그녀의 도전도 오직 일이나 자신의 미래를 위한 투자만이라고는 생각하지 않는다. 꼭 그것을 위해서라면 다른 방법도 있지 않았겠는가. '1년에 백 권 읽기'와 같은 노력을 계속했던 것을 봐도 알 수 있듯이 그녀는 공부를 좋아하고 즐기기 때문에, 또 인생 그 자체를 즐기기 때문에 끊임없이 도전을 거듭하고 있을 것이다.

3) 생각하면서 읽어라

공부든 독서든 일단 읽고 나면 그 다음은 반드시 자기 것으로 만드는 과정이 필요하다. 독서가 필요하다고 해서 꾸역꾸역 읽기만 한다면 재미도 생기지 않을뿐더러 읽은 양은 많을지 몰라도 진정한 자기 것이 되기는 힘들다.

공자는 이렇게 말했다. "배우고 생각하지 않으면 어리석게 되고, 생각만 하고 배우지 않으면 위태롭게 된다." 즉 배우고 스스로 생각하라는 것이다.

남에게 지식을 배우기만 하고, 자신의 머리를 써서 생각하지 않으면 진정으로 이해했다고 할 수 없다. 하지만 생각만 많고 배움이 없다면 이는 자기만족에 빠지는 것으로 결국 독단으로 흐르고 만다. 학문적 지식이 뒷받침되지 않는 생각은 모래성을 쌓듯이 곧 허물어지고 마는 것이다. 결국 이 두 가지의 균형을 잘 잡는 것이 공부를 제대로 하는 비결이다. 맹자 역시 생각에 대해 다음과 같이 말한다. "마음은 생각하는 기능이 있기 때문에 사람이 생각을 하면 사리를 얻게 되고 생각하지 않으면 사리를 알지 못한다." 20세기 초반 중국 철학자 호적(胡適) 역시 학습과 사색이 병행되어야 함을 다음과 같이 지적한다. "학습과 사색은 어느 한 쪽도 부족해서는 안 된다. 학습은 하지만 사색이 부족하면 기억은 하지만 두서도 조리도 없어지기 때문에 진정한 지식이 될 수 없다. 반면 사색은 하지만 학습하지 않으면 사색할 밑천이 금방 떨어지기 때문에 이 역시 진정한 지식이 아니다."

앞에서 이야기한 『바보의 벽』에서 요로 다케시가 주장한 내용도 이 말들과 일맥상통한다. 사람과 세상에 대한 지혜와 통찰이 없이 헛된 지식만 잔뜩 쌓아서는 '바보의 벽에 둘러싸인 정말 바보'가 될 수밖에 없는 것이다. 작년 인기를 모았던 시트콤 〈지붕 뚫고 하이킥〉에서 극중 여주인공이 화장하는 법, 키스하는 법을 글을 통해서 배우는 에피소드가 있었다. 그녀는 책에서 배운 대로 화장을 하고 키스를 하지만, 자신에게 맞게 응용하는 법을 몰라서 보는 사람들을 경악하게 한다. 자신의 얼굴은 고려하지 않고 자로 잰 듯이 화장을 그려서 이상한 모습이 나오는가 하면 키스를 하면서도 상대방을 전혀 고려하지 않고 배운 대로 함으로써 상대를 황당하게 만든다. 가상의 시트콤이지만 이처럼 아무 생각 없이 책을 보다가는 정말 자신도 모르게 바보의 벽을 쌓고 있을지도 모른다. 탈무드에서는 이런 사람을 두고 이렇게 말한다. "책을 읽기만 하고 생각하지 않는다면 당나귀가 책을 잔뜩 싣고 가는 것과 다르지 않다." 정말 예리한 지적이 아닌가?

철학자 존 로크는 "철학은 단지 지식의 재료를 얻는 것에 불과하다. 그 지식을 자신의 것으로 만드는 것은 사색의 힘이다"라고 했고, 프란시스 베이컨은 "독서는 오로지 사색하고 연구하기 위해 하는 것이다"라고 말했다. 또한 퇴계 이황은 "낮에 읽은 것은 반드시 밤에 깊이 사색해야 한다"라고 말하며 생각의 중요성을 강조했다.

배우고 스스로 생각한다는 것은 쉽게 말하면 읽어서 외운 다음 완전히 이해해 자신의 것으로 만들라는 말이다. 만약 천성적으로 이해하는 능력이 뒤떨어진다 해서 독서를 포기해야겠다고 생각하는 사람이 있을까 하여 다음의 이야기를 들려주고 싶다.

조선시대 유명한 다독가로 김득신이라는 선비가 있다. 그의 독서기를 보면 1만 번 이상 읽은 것이 36편이나 된다고 한다. 그는 "고금에 학문으로 성공한 선비는 모두 부지런함으로써 이룩하였다. 나는 천성이 둔하여 남들보다 배나 읽었고, 그중 「백이전」을 좋아해서 일억 일만 3,000번을 읽었고, 서재를 '억만재'라 이름 지었다"고 말했다. 억은 지금의 십만이다. 가히 미친 독서라고 할 수 있을 것인데, 그는 결국 59세가 되는 해에 과거에 급제한다. 김득신은 둔하고 느렸지만 꾸준히 읽고 공부한 끝에 말년에 '당대 최고의 시인'으로 불렸다.

4) 고난일 때 읽어라

다독가 김득신 외에 조선시대에 유명한 책벌레 한 명이 또 있다. 정조 시대에 왕실도서관의 검서관으로 일했던 이덕무라는 사람으로 '책만 보는 바보(간서치, 看書癡)'라는 별호를 통해 잘 알려진 인물이다. 그는 김득신과는 조금 다른 콤플렉스가 있었다. 김득신이 모자라는 머리를 다독으로 극복했다면 그는 출생성분이 서출(庶出)이라는 약점이 있었다. 그러나 과거도 볼 수 없는 반쪽짜리 인생을 살면서도 그는 책을 떠나 살지 않았다. 추운 겨울날 얼어 죽을 것 같은 추위에서도 그는 책을 이불 삼아 버텼고, 매서운 바람이 들어오자 논어 한 권을 빼서 바람을 막았다고 한다. 이쯤 되면 삶이 곧 책이고 책이 곧 삶이라고 할 만하다.

서른아홉에 정조로부터 부름을 받아 관직에 나아갔지만, 그동안 언제 쓰일지도 모르는 공부만 했던 그의 마음은 어땠을까? 학문은 세상에 유익하게 쓰여야 쓸모가 있는 것인데, 언제 쓰일지도 모르는 공부를 오직 소신으로 계속해온 그를 통해 공부에 임하는 우리의 자세를 다듬어야 하지 않을까. 그가 죽고 두 해가 지난 후에 정조는 이렇게 탄식했다고 한다.

"지금 펴내는 책들을 보니 검서관 이덕무의 학식과 능력이 잊히지 않는다."

배우고 익힘을 사랑했던 사람의 뒷모습은 정말 크게 느껴진다.

어렵고 힘든 상황을 멋지게 역전시킨 사람 중에 우리가 잘 알고 있는 사람이 한 명 있다. 바로 현직 미국 대통령 오바마이다. 그는 아프리카 혈통을 이어받았고, 동남아에서 자랐고, 미국의 외딴 섬 하와이에서 교육을 받고 있는 자신의 모습에서 엄청난 정체성의 혼란을 겪었다. 아이들의 놀림과 자신의 정체성 혼란은 충분히 세상에 등 돌리게 하는 동기가 될 수도 있었다. 그러나 그는 잠깐 마약과 탈선에 빠지기는 했지만 필사적으로 책을 읽었다. 그러면서도 그 당시에는 내면의 깊은 고통과 정체성의 혼란을 치유하는 방법은 찾지 못했다. 하지만 닥치는 대로 읽고 생각하는 과정을 통해서 그는 자신의 감정을 있는 그대로 들여다 볼 수 있게 되었다. 이후 컬럼비아 대학으로 편입한 후에도 사람을 사귀기보다는 오직 읽고 생각하는 일에 몰두하였다. 프리드리히 니체, 허먼 멜빌, 간디, 그리고 성경을 보면서 홀로 시간을 보냈는데, 자신도 모르는 어느 순간 그는 자신의 정체성 문제를 해결하게 된다. 허먼 멜빌의 『모비딕』에서는 다양한 인종이 섞여서 하나의 목표를 향해 나가는 포경선 피쿼드호 선원들의 모험담을 보면서 인종을 넘어 모두가 하나가 되는 자신의 이상과 방향을 정립하게 된다. 또한 간디가 말한 "세상에 변화를 가져 오고 싶으면 스스로 그 변화가 되어야 한다"는 말에 영향을 받아 변화를 추구하는 인생관도 역시 확립한 것이다. 그동안 써 왔던 '배리'라는 이름을 버리고 '버락'이라는 원래의 이름을 사용하게 되었고, 자신의 존재를 있는 그대로 볼 수 있게 되었다. 자신의 뿌리에 대한 콤플렉스도 깨끗이 사라졌고, 케냐인 아버지를 자신의 아버지로 받아들이게 되고 흑인으로서의 분노와 수치 역시 사라졌다. 어느새 스스로의 존재 목적과 의의를 가진 자신의 모습을 바라보게 된 것이다.

하버드 로스쿨을 마치고 시카고에서 인권운동을 하던 오바마는 본격적으로 정치 세계로 뛰어든다. 그는 2004년 7월 민주당 존 케리 대통령 후보로부터 전당대회 기조연설자로 선정되는데 거기서 일생일대의 전기를 맞게 된다. "미국은 자유와 평등, 기회라는 공동의 목표 아래 인종에 관계없이 모두가 하나로 뭉친 나라"를 역설하는 그의 연설은 모든 사람이 환호성을 지를 정도의 호응을 얻게 된다. MSNBC의 크리스 매튜스 앵커는 '몸서리쳐질 정도로 훌륭한 연설'이라며 소리쳤고, CNN의 울프 블리처는 '오바마가 청중을 감전시켰다'라고 그의 연설을 평했다. 〈타임즈〉 역시 그의 연설을 역사상 최고의 명연설 중의 하나로 선정했다. 이 연설을 계기로 33세에 썼지만 사람들로부터 외면을 받았던 그의 자서전 『내 아버지로부터의 꿈』이 베스트셀러가 되었다. 그 후 대통령 후보 선출을 앞두고 출사표로 쓴 『담대한 희망』 역시 엄청난 베스트셀러가 되었고, 결국 그는 미국의 대통령으로 선출된다. 비록 그의 책들은 연설을 통해 베스트셀러가 되었지만, 그의 놀라운 연설 능력은 바로 그가 읽어온 책들이 쏟아내는 결과였다. 노벨문학상을 수상한 토니 모리슨은 오바마를 지지하면서 그에게서 다른 후보에게는 없는 특별함을 발견했다고 했다. 그것은 바로 '창조적 상상력'인데 그 원천은 바로 오바마가 어릴 때부터 탐닉했던 책들이었다.

이제 오바마를 대통령으로 만든 가장 핵심적인 역할을 한 사람의 이야기를 하고자 한다. 그 역시 미국의 대통령이었던 에이브러햄 링컨이다. 만약 링컨 대통령의 노예해방이 없었다면 오늘날의 오바마도, 첫 번째 흑인 대통령도 없었을 것이다. 링컨 대통령의 이야기는 그 자체가 바로 고난 극복의 책 읽기라고 할 수 있다. 링컨은 평생 학교를 다닌 시간을 다 합쳐도 1년이 채 되지 못했다. 여덟 식구가 오두막 단칸방에 살았고 어릴 때부터 농사일을 도와야 했다. 젊은 시절 연인을 잃고 우울증에 시달려야 했으며, 사업 실패로 변호사가 되어서도 집세를 걱정해야 할 처지였다. 그리고 수많은 선거에서 낙선을 경험했고, 원치 않은 결혼으로 순탄치 못한 결혼 생활을 해야 했다. 그러나 그는 평생 따라다닌 이 고난을 책 읽기로 극복해나간다. 어릴 적 성경을 통해 읽기 공부를 했고 워싱턴과 제퍼슨의 글씨를 본으로 쓰기 공부를 했다. 집에 볼 책이 마땅치 않았기에 집에 있던 성경을 무수히 통독했고, 새어머니가 가지고 온 『이솝우화』, 『천로역정』, 『로빈슨 크루소』, 『미합중국 역사』, 『워싱턴 전』을 탐독했다. 그는 법전을 외울 정도로 공부를 해 변호사가 되지만 공부를 멈추지는 않는다. 자신의 멘토였던 그레이엄에게 정치직으로 성공하기 위해서는 문법을 알아야 한다는 말을 듣고는 『커크햄 문법서』를 빌려와서 통달했고, 기번의 『로마제국 쇠망사』, 롤린의 『고대사』, 미국 장군들의 전기, 토머스 페인의 『이성의 시대』 등 정치적 성공에 필요한 책들을 탐독한다. 비록 정식으로 배우지는 못했지만 고난 속에서 평생을 계속한 독서의 힘이 가장 위대한 업적을 이룬 미국 대통령을 만든 것이다.

독일의 문호 마르틴 발저는 이렇게 이야기한다. "사람은 자기가 읽은 것으로 만들어진다." 그리고 '책이 길이다'라는 말도 있다. 어릴 때부터 어떤 확실한 방향제시도 없이 구호처럼 들었기 때문에 진부한 말이 되어버린 이 글들 속에 진리가 있다고 생각된다.

마지막으로 맹자의 글을 하나 소개하려고 한다. 이 글을 통해 시대와 분야가 다른 위대한 사람들이 고난을 통해 어떻게 더 큰 성공을 거둘 수 있었는지 깨닫게 될 것이다.

"하늘이 장차 그 사람에게 큰 사명을 내리려 할 때는, 먼저 그의 심지를 괴롭게 하고, 뼈와 힘줄을 힘들게 하며, 육체를 굶주리게 하고, 그에게 아무것도 없게 하여 그가 행하고자 하는 바와 어긋나게 한다. 마음을 격동시켜 성질을 참게 함으로써 그가 할 수 없었던 일을 더 많이 할 수 있게 하기 위함이다."

5) 아웃풋을 통해 완전히 자신의 것으로 만들어라

독서를 통해 배운 지식을 아웃풋 한다는 것은 경험을 통해 그것을 완전히 자신의 것으로 만드는 것을 말한다. 경험이라고 하면 활동적인 행동을 생각하기 쉽지만, 지식을 습득하는 과정에서는 가장 대표적인 것으로 질문과 토론을 들 수 있다. 앞서 존 스튜어트 밀의 독서법에서도 예를 들었지만 이런 공부법의 유래는 고대 그리스까지 거슬러 올라간다. 플라톤이 쓴 『대화편』은 스승 소크라테스가 질문을 통해 진실을 찾아가는 흥미진진한 과정을 잘 보여주고 있다. 소크라테스의 대화법은 고대 철학의 크나큰 바탕을 만들었지만, 현대의 위대한 기업가들에게도 응용되어 활용되기도 한다. 스티브 잡스는 소크라테스의 열렬한 팬으로 "소크라테스와 점심 식사를 함께 할 수 있으면 우리 회사가 가진 모든 기술도 아깝지 않다"고 말할 정도였다. 또한 현대 경영학의 구루 피터 드러커를 비롯하여 잭 웰치, 마쓰시타 고노스케, 이건희 등 위대한 경영자들은 모두 질문을 통해 자신이 하고 있는 업의 본질을 찾았고 그것을 통해 성공의 핵심을 찾을 수 있었다. 이 대화법은 우리가 책을 읽을 때도 응용할 수 있다. 어떤 분야의 책이건 읽으면서 끊임없이 그 내용에 관한 질문을 자신과 저자에게 던지는 것이다. 저자와 서로 대화하듯이 책을 읽어나가고 책에 나오는 다양한 상황에서 '나라면 어떻게 할 것인가' '내 생각은 어떤가' 하는 질문을 계속 던진다면 단순히 저자의 생각을 받아들이는 것을 넘어 확실하게 나의 지식으로 삼을 수 있다.

그리고 독서나 공부를 한 다음 다른 사람들과의 대화나 토론 등을 통해서 생각을 확장해 나가는 것이 좋다. 모이기 힘든 현실에서 꼭 한군데 모여서 하는 공부가 아니더라도, 인터넷 등을 통해서 자신이 좋아하는 독서 모임에 참여하거나 블로그를 직접 만들어 관리해나가는 것도 좋은 방법이다. 이것을 통해 관심분야에 대한 새로운 경향도 얻고 자신의 의견도 발표하고 다른 사람들의 의견도 참고하면서 혼자 하는 공부의 한계를 넓혀 나갈 수 있다. 글쓰기도 토론 못지않게 아웃풋을 하기에 좋은 방법이다. 글쓰기는 좌뇌와 우뇌, 논리적인 부분과 감성적인 부분이 함께 작용하는 대표적인 작업이다. 그래서 소설가 김탁환은 한 방송에서 다음과 같이 말하기도 했다. "백 권의 걸작을 읽는 것보다 한 편의 졸작을 쓰는 것이 더 낫다."

철강왕 카네기는 어려운 가정 형편으로 초등학교에 다닌 것이 정식 공부의 전부였다. 그는 지역 도서관에서 『영국사』, 『미국사』, 『밀턴론』 등의 다양한 역사서를 읽으며 독학으로 공부를 했다. 비록 독학으로 공부했지만 적극적으로 자신의 생각을 지역 신문에 기고하면서 지식을 넓혀나가고 주위의 인정도 받게 된다. 전보 배달 일을 하던 그는 지역 도서관을 무료로 이용할 수 없게 되자 〈피츠버그 통신〉에 '무료 도서관 이용에 대한 나의 의견'이라는 글을 기고해 '소년 노동자라면 누구라도 무료로 도서관을 이용할 수 있어야 한다'는 자신의 의견을 밝히기도 한다. 그리고 문학회에 가입하여 독서토론을 함으로써 더욱 명확한 사고를 할 수 있게 되고 대중 앞에서도 담대하게 자신의 의견을 피력할 수 있는 힘을 얻게 되었다.

그는 〈피츠버그 통신〉에 철도회사의 태도를 꼬집는 글을 투고한 것을 계기로 한 철도회사 고문의 별장에 초대받는다. 그곳에서 '담론할 줄 모르는 자는 어리석은 자이고 담론하려 하지 않는 자는 편협한 자이며 담론을 할 용기가 없는 자는 노예이다'라는 벽난로 위에 새겨진 글을 읽고 큰 감동을 받는다. 훗날 세계 최고의 기업가가 된 그는 고향인 스코틀랜드에 지은 별장의 벽난로 위에 이 글을 새긴다.

세계에서 가장 창의적인 민족으로 알려져 있는 유대인들 역시 평생 계속되는 질문과 토론을 통한 공부로 지혜로운 민족이 되었다. 우리나라의 엄마들은 아이들이 학교에서 돌아오면 "학교에서 무엇을 배웠니?"라고 묻지만 유대인 엄마들은 "선생님께 무슨 질문을 했니?"라고 묻는다. 학교에 대한 인식이 우리와는 판이하게 다른 것이다. 그리고 실제로 그들은 지식을 머리에 쏟아붓는 주입식 교육은 교육이 아니라는 생각을 가지고 있다. "만일 눈앞에 천사가 나타나 토라(유대교의 성경)의 모든 것을 알려준다고 해도 나는 거절할 것이다. 배우는 과정이 결과보다 훨씬 중요하기 때문이다"라는 유대인 속담이 그것을 잘 말해주고 있다. 따라서 집에서도 부모들은 아이들과 끊임없이 대화를 나눈다. 특이한 점은 엄마보다는 아빠가 주로 이런 역할을 맡고 있다는 것이다. 상대적으로 부드러운 엄마보다는 엄격한 아빠가 가정교육을 책임지는 것이 좋다고 생각하는 것이다. 이런 자세와 교육방법을 통해 세계인구의 0.2% 밖에 안 되는 1,300만 인구에서 역대 노벨상의 23%, 노벨 경제학상의 40%를 차지할 정도의 천재들이 양산된 것이다. 그리고 하버드 대학 학생의 1/3, 아이비리그 대학 학생의 30%를 차지할 정도로 인류의 지적 발전을 이끄는 민족이 되었다. 이들은 또한 골드만삭스 등의 세계 금융기업, 〈뉴욕 타임스〉를 비롯한 언론기업, 그리고 페이스북, 구글 등의 첨단 기업을 설립하는 등 지식과 함께 세계의 부도 독점해 나가고 있다.

6) 꼭 피해야 할 세 가지 독서습관

첫째, '오직 성공!'을 위한 독서법

비즈니스 성공서나 우주의 도움을 받아 생각만으로 쉽게 성공을 쟁취할 수 있다는 종류의 책들이다. 또한 부자 되는 요령을 잘 정리한 책도 마찬가지다. 35세의 나이에 일본 마이크로소프트사의 일본법인 사장을 지냈던 나루케 마코토는 자신의 책 『책, 열 권을 동시에 읽어라』에서 다음과 같이 말한다.

"어떤 책을 읽는지 알면 그가 어떤 사람인지 정확히 알 수 있다. 예컨대, 비즈니스 실용서만 읽는 사람은 신뢰하기 어렵다. 『부자 아빠 가난한 아빠』 같은 부자 되는 요령을 알려주는 책이나 성공 비법을 소개하는 책만 편식하듯 읽는 사람은 장담하건데 중산층 이하의 삶에서 벗어나기 어렵다. 만일 당신이 '내 취미는 독서고요, 최근에 읽은 책은 『마시멜로 이야기』와 『시크릿』입니다'라고 말한다면, 나는 이렇게 말할 수밖에 없다. '당신은 구제불능입니다!'라고. 다른 사람이 터득한 요령이나 성공 비법을 따라 하기나 하는 사람이 성공하기도 어렵지만, 그런 사람은 동물원의 원숭이보다 나을 게 없다. 원숭이도 인간을 곧잘 따라 하지 않는가. 남이 알려주는 기술에 의

존하는 한 적극적으로 변화에 대응해 자기만의 아이디어를 내고 획기적인 발상의 전환을 일으키는 힘은 생기지 않기 때문이다."

좀 심하게 이야기한 측면이 있지만 우리의 독서습관을 되돌아보는 데는 아주 유용한 지적이 아닐 수 없다. 성공을 위한 독서는 당장은 누구에게나 큰 위로가 된다. 불투명한 현실에 처해 있는 사람들에게 당장 해답을 준다는데 싫다는 사람이 누가 있으랴. 하지만 실제로 성공한 사람들은 그런 책의 도움을 받기보다는 우리가 모르는 다른 길이 있었다. 혹시 한방에 성공할 수 있다는 그 비밀스런 책을 읽어본 적이 있는가? 우리나라에서도 백만 권이 넘게 팔린 그 책을 읽은 수백만 명의 백만장자들이 탄생했는가? 아마 당신은 이렇게 자위하고 있을지도 모르겠다. "내가 그 책에서 일러준 대로 제대로 적용하지 못했기 때문이지……." 아마 당신은 그와 비슷한 책을 조만간 또 사서 읽게 될지도 모르겠다.

둘째, 실속 없는 '일벌레형' 독서법

대부분의 직장인들은 원만한 직장생활을 하기를 원한다. 상사와의 관계는 물론 동료, 부하직원과도 원만한 관계를 유지하기를 원한다. 특히 신입사원들은 직장생활을 잘하는 요령들을 몸에 갖추기 위해 책을 읽는다. 시간 관리술이나 정보처리요령, 보고법 등 그 분야도 다양하다. 하지만 이런 책들은 모두 자신의 능력을 키우고 소양을 넓히기보다는 회사에 봉사하는 방법을 알려주는 책들이다.

물론 직장에 몸담고 있으면서 그 일을 잘하기 위한 노력은 필요하다. 하지만 그런 종류의 책들은 대부분 가벼운 테크닉을 알려준다. '이런 상황에서는 이렇게 해라' 하는 류의 책이다. 뭔가 내가 생각해서 좋은 방법을 찾는 것이 아니라 '알려주는 대로 하면 다 해결된다'는 식이다. 주입식, 암기식 교육에 철저하게 길들여진 우리 신세대들의 입맛에는 맞을지 몰라도 깊이 있는 사람을 만드는 데는 오히려 역효과다. 우리 선조 중에서 가장 균형 잡힌 독서가를 들라면 다산 정약용 선생을 들 수 있을 것이다. 평생 공부에 매진했던 다산 선생은 우리에게 다음과 같은 말을 들려준다. "공부를 그저 출세의 수단으로만 여겨서는 공부도 잃고 나도 잃는다." 그리고 그는 '선경후사 독서법先經後史 讀書法'을 우리에게 권하고 있다. 즉 철학을 통해 생각의 기초를 다진 다음 역사 공부를 통해 치세의 근본을 깨달으라는 것이다. 그 다음 그는 실용독서, 특히 경제에 관련한 공부 또한 게을리하지 말라고 했다. 백성을 이롭게 하기 위해서는 경제를 키워나가는 것도 필요하다는 것이다. 그가 가르친 독서의 순서는 철학-역사-실용이다. 우리는 순서가 바뀌었거나 앞의 두 가지는 생략하고 맨 뒤의 것만 읽는 독서를 하는 것은 아닌지 돌아볼 필요가 있다.

셋째, 베스트셀러에만 집착하는 '인기영합형' 독서법

요즘 우리나라 출판계는 이것이 가장 중증이다. 이것은 개인적인 측면뿐 아니라 사회적, 문화적 측면에서 반쪽짜리 인간들을 양산하고 있다. 베스트셀러 상위에 올라 있는 책들을 보면 모두 앞의 두 가지 경우에 해당하는 책들이 차지하고 있다. 가끔 드물게 인문학에 관한 책들이 올라오기는 하지만 그것 역시 인기영합형에서 벗어나지 못한다.

『책 읽는 책』의 저자 박민영은 다음과 같이 말한다. 독서의 목적을 1)재미와 즐거움, 2)지식과 정보, 3)교양과 인격형성이라고 한다면 베스트셀러를 찾아 읽는 것은 1)번과 2)번에 치중하는 것이라고 한다. 결국 유행에 따라 책을 읽는 것인데, 유행을 따르기보다는 유행이 변하는 원리를 탐구하는 독서가 더 바람직하다. 요즘과 같은 속도의 시대에서 실용서는 오히려 비실용적이라는 것인데, 조금만 시간이 지나면 새로운 기술 역시 금방 구시대의 기술이 되어버리기 때문이다. 그러면서 수십 년, 수백 년 변치 않고 이어져온 인문교양서가 훨씬 더 실용적일 수 있다고 주장한다. 그래서 그는 베스트셀러의 경우 적당한 시간차를 두고 사 본다고 한다. 그 책이 진정한 가치를 가진 책이라면 어느 정도의 시간이 흘러야 시간의 검증을 거쳤다고 볼 수 있기 때문이라는 것이다. 출판계에도 몸담았던 그는 베스트셀러가 책의 가치에 의해서라기보다는 다른 요인도 많이 작용한다는 사실을 잘 알고 있는 것이다.

여기서 논하는 책들이 모두 쓸모없는 책들이라는 것은 아니다. 자신이 처한 상황에서 꼭 필요한 책을 골라 읽는 사람도 있을 것이다. 하지만 내가 우려하는 것은 '오직' 이런 책만 읽는 사람이다. 다른 분야의 책은 거들떠보지 않으면서 이런 분야의 책만 읽는다면 엄청난 속도로 변화하고 있는 세상은 거의 볼 수 없게 된다. 얇고 가벼운 사람이 되고 마는 것이다.

통찰력, 이렇게 키워라

인문학을 통해 얻을 수 있는 것은 인간과 세상에 대한 깊이 있는 통찰력이다. 그리고 그 통찰력이 발휘되어 먼저 나 자신이 변하고 남다른 시각을 가지게 되고, 새로운 발견을 하게 된다. 그것을 가능하게 해주는 것은 바로 생각의 힘이다. 말콤 글래드웰은 '1만 시간의 법칙'을 통해 위대한 일을 하고 성공하는 사람들은 누구나 그에 상응하는 노력을 기울였다고 했다. 역으로 이야기하면 평범한 사람들도 1만 시간을 몰입하면 성공할 수 있다는 말이다. 심리학자 매슬로우도 창조성을 '모든 인간의 본성에 내재하는 기본적 특성'이라고 말했다. 이 말들에 대해 유심히 생각해보면 모든 사람들은 창조성을 기본적으로 가지고 있으며, 위대한 결과는 어떤 특별한 능력을 가진 사람들의 전유물이 아니라 많이 생각하고 노력한 평범한 사람들이 이룬 결과라는 말이다. 위대한 발견과 발명을 한 사람들 중 누구도 자신의 업적이 남다른 자질과 영감에 의한 것이라고 말하지 않았다. 아인슈타인도, 에디슨도 마찬가지다.

그러면 우리는 어떻게 해야 하는가? 이어령 교수의 말에 따르면 "창조성은 무엇을 생각하느냐가 아니라 어떻게 생각하느냐에 달렸다"고 한다. 즉 어떤 결과나 목적에 집착하기보다는 생각하는 법을 바꿀 때 창의적인 결실을 맺을 수 있다는 말이다. 모든 노력에 앞서 생각하는 법을 바꾸는 일을 가장 먼저 해야 한다. '공부'보다 '공부하는 법' '생각하는 법'을 먼저 몸에 익혀야 하는 것이다.

계속 강조해서 미안하지만 우리나라의 교육은 생각하는 힘보다는 시험에서 좋은 성적을 받는 결과에 중점을 두고 있다. 창조성과는 거리가 멀다. 물론 어쩔 수 없는 측면도 있다. 대학입시라는, 인생을 좌우하는 중대한 일을 앞두고 있는 우리 청소년들이 성적을 떠나 창조성을 추구하기는 어려운 일일 것이다. 서서히 변화하고 있다고 하지만 대학을 나오지 않고는 사회에서 자신의 역할조차 얻지 못하는 사회적, 문화적 환경에서 누가 그런 모험을 하겠는가? 설사 그런 도전을 하려고 해도 부모님과 선생님이 가만 두지 않는다.

이는 대학을 가서도 마찬가지다. 취업난의 시대에 오직 취업을 위한 스펙에 열중할 수밖에 없다. 고등학교에서 생각하는 힘을 기르지 못했다면 대학에서 그것을 보충해야 하는데 그럴 겨를이 없다. 영어공부를 해서 토익점수를 높여야 하고 좋은 학점도 받아야 한다. 해외 연수를 통해 폭넓은 글로벌 경험도 자랑해야 하고 몸으로 때우는 봉사활동도 없어서는 안 된다. 지식노동자의 시대에 필요한 덕목이 계량화하는 능력이므로 모든 것을 숫자로 보여야 하는 것이다. 하지만 더 큰 도약을 하려면 이 단계를 넘어서야 한다. 단지 계량화한 숫자로 나타내기에 우리가 꿈꿀 수 있는 세상은 넓고 크다.

나는 극단주의자는 아니지만 앞으로는 이런 대학교육이 필요 없는 세상이 되어야 우리나라가 한 단계 더 발전할 수 있다고 생각한다. 이미 지식근로자들이 만드는 세상에서 우리나라는 최고의 자리에 올라섰다. 후발주자로서 까마득히 앞서 있던 선진국들을 다 따라잡고 국민적 우수성이 뒷받침하는 IT분야 같은 곳에서는 최고의 제조 강국이 되지 않았는가? 하지만 한걸음 더 나아가 미국 기업들이 차지하고 있는 소프트웨어 강국, 즉 애플이나 구글, 페이스북 같은 기업을 만들기 위해서는 창의적 사고를 가진 인재들이 나서야 한다. 그러기 위해서는 한두 사람의 백마를 탄 왕자를 기다리기보다는 먼저 그런 문화적, 사회적 풍토를 만들어야 하는 것이다.

〈트랜스포머〉라는 영화가 큰 관심을 모은 적이 있다. CF 감독 출신의 마이클 베이 감독이 만든 이 영화는 다양한 컴퓨터 그래픽과 빠른 전개로 보는 사람들의 혼을 쏙 빼놓있는데 나는 이 영화에서 자동차가 외계로봇으로 변신하는 장면이 가장 인상적이었다. 그전의 모습을 전혀 상상할 수 없는 완벽한 변신, 단지 바뀌지 않은 것은 그 본질을 이루고 있는 금속밖에 없는 이러한 변신이 지금 우리에게 꼭 필요한 것이 아닐까 생각된다.

지금도 많은 사람들이 새로운 변화를 꿈꾸며 노력하고 있다. 아침형 인간이 되기 위해 일찍 일어나는 법을 익히고, 대화의 달인이 되기 위해 대화법 책을 찾는다. 그리고 공부하는 법, 독서법 등등 정말 수많은 책들이 사람들의 부족한 점을 자극하면서 노력하라고 권유한다. 나는 이러한 변화들이 불필요하다고는 생각하지 않는다. 하지만 이런 변화에 앞서 먼저 필요한 것이 있다고 생각한다. 바로 사고의 변화다. 단순히 한두 가지 결점을 보완하는 체인저(Changer)가 아니라 본질까지 완전히 변신하는, 그전의 모습을 도저히 상상할 수 없는 트랜스포머(Transformer)가 되어야 한다. 그 시작은 바로 사고의 변화다. 그리고 이런 사고의 변화를 가져다주는 것은 가벼운 기술이 아니라 인문학에 기반을 둔 사고법이다.

창조적으로 파괴하라

필름카메라 시절, 이스트먼 코닥은 카메라 필름의 최강자였지만 디지털 시대가 도래하면서 명성과 매출을 동시에 잃었다. 코닥은 1975년 세계 최초로 디지털카메라를 개발한 회사이다. 하지만 기존의 주력제품이던 필름시장에 대한 미련을 버리지 못하고 디지털카메라 시장 진출을 미루게 된다. 새로운 시대의 도래를 미리 알고 있었고 이미 선두의 자리를 차지하고 있었지만 지난 명성에 연연하다가 최악의 상황에 직면한 것이다. 이것은 아날로그 TV의 압도적인 세계

1위 자리에 연연하던 소니가 삼성에게 디지털 컬러 TV부문의 주도권을 빼앗기는 상황과 놀랍게 흡사하다. 한때 삼성의 멘토였고 역할 모델이었던 소니는 이제 삼성을 뒤쫓아야 하는 처지가 된 것이다. 사람들은 주위에서 벌어지고 있는 다양한 사건들을 통해 충분히 자신의 상황을 직시할 기회가 있는데도 그것을 정확하게 바라보지 못한다. 이것이 바로 거리에 따른 미래 예측력의 차이인지도 모르겠다. 결국 두 기업의 사례에서 보듯이 포기할 때 과감하게 포기하지 못하면 어려움에 직면하게 된다.

한때 휴대폰 시장의 압도적인 지배자였던 노키아는 과감한 포기를 통해 엄청난 영광을 누리게 된 산 증인이다. 의외일지도 모르지만 노키아는 1865년 설립된 고무장화 제조업체였고, 1980년대까지는 펄프와 제지산업에 크게 투자했던 기업이었다. 하지만 1980년대 노키아의 CEO가 된 요르마 올릴라는 앞으로의 기술진보와 소련의 붕괴를 통해 활발해질 국제 교역의 미래를 읽고 과감하게 휴대전화 제조업에 사활을 건다. 그것을 제외한 모든 사업부문을 몽땅 매각한 그는 기업의 전 역량을 휴대전화 제조업에 쏟아 부었다. 노키아는 과감한 포기 전략을 통해 세계를 제패하게 된 것이다. 하지만 얼마 전 신문보도에서 노키아가 스마트폰의 실패로 인해 상당한 어려움을 겪고 있다는 것을 접했다. 회사의 실적은 5분기 연속 적자를 기록하고 있으며 스마트폰 부진의 여파로 휴대폰 시장의 세계 1위 자리도 삼성전자에게 내줄 것이 확실한 것으로 나타나고 있다. 휴대폰 시장의 압도적인 1위에 안주해 새로운 시장에 대한 트렌드를 제대로 읽지 못한 것이다. 노키아는 우리에게 기업들이 새로운 변화에 어떻게 대응해야 하는지에 관한 성공과 실패의 확실한 예를 제대로 보여주고 있다.

20여 년 전에 『초우량 기업의 조건』이라는 책이 출간되어 베스트셀러가 되었다. 이 책은 미국의 저명한 경영 전문지 〈포브스〉가 각계 전문가를 대상으로 지난 20년 동안 출판된 경영서적 중 가장 영향력 있는 책을 조사한 결과 1위를 차지한 책이다. 현대 기업 경영의 창시자라 불리는 톰 피터스가 쓴 대작인데 지금도 많은 경영자들에게 사랑받고 있다. 하지만 이 책에서 다뤄진 우량기업들 중 상당수는 책이 출간된 지 2년이 채 되지 않아 세상에서 잊힌 기업이 되었다. 이 원인에 대해 『블루오션 전략』의 두 저자는 레드오션, 즉 경쟁이 치열한 시장에만 집중하는 기업의 위험성을 들고 있다. 경쟁자와의 경쟁에서 승리하는 데만 집중하면 새로운 가치가 만드는 새로운 시장, 블루오션으로 나가기가 어렵다. 주로 시장을 주도하는 기업에서 많이 일어나는 일인데, 만약 경쟁사가 블루오션을 취해 새로운 시장을 창출하는 데 성공하면 결국 치명상을 입고 마는 것이다.

새로운 시장 창출을 통해 기존 시장을 와해시키는 이 창조적 파괴 전략은 지금 우리 젊은이들에게 가장 필요한 전략이라고 할 수 있다. 최근 조사에 따르면 결혼 상대자로 가장 인기 있는 직업군이 바로 공무원과 교사라고 한다. 항상 최고의 신랑감, 신붓감으로 꼽히던

의사와 한의사, 변호사와 판·검사 등 소위 사자 돌림 직업군을 제친 것이다. 그동안 우리 사회에서 독점적 지위를 이용해 상대적으로 큰 경제적 이익을 향유해오던 전문직들이 경기침체 속에서 일대 위기를 맞고 있다. 그 이유 중 하나는 단연 종사자 수의 증가이다. 공급과잉으로 병·의원을 개업했다가 실패하는 숫자도 계속 증가하고 있고 사법연수원 졸업생들의 취업난도 심각한 문제라고 한다. 그동안 고소득을 보장해주던 전문직도 블루오션에서 레드오션으로 가버린 것이다. 하지만 아직도 많은 학생들이 의대, 법대로 몰리고 있는 상황을 보면 안타까운 마음을 금할 수 없다. 이제는 예전처럼 사법시험에 어렵게 합격해 변호사 사무실을 차리고, 의대나 한의대를 나와 병·의원을 차린다고 고소득이 보장되지 않는다. 얼마나 변화에 잘 적응했느냐에 따라 엄청난 소득의 격차가 벌어진다. 망하는 사람이 있는가 하면 이 변화의 시대에 엄청난 성공을 잡는 사람도 나오는 것이다.

이제는 어떤 직업군도 안정적이라고 말할 수 없는 시대가 되었다. 전문직도 마찬가지고 창업도 마찬가지다. 취업을 통해 우리에게 주어지던 일자리 역시 급격한 IT발진으로 인해 급격히 줄어들고 있다. 앞서 코닥과 소니의 경우에서 보듯이 잘나가는 기업도 포기할 것을 포기하지 않으면 엄청난 어려움을 겪는다. 이제 이런 사실을 우리에게 적용해보자.

1) 일생에 도움이 안 되는 것들, 과감하게 버려라

한 다큐멘터리에서 다룬 이야기다. 남부 인도의 주민들이 원숭이를 산 채로 잡기 위해 쓰는 방법인데, 코코넛의 속을 모두 비운 다음 원숭이 손이 들어갈 정도의 구멍만 남겨 그 속에 쌀을 한 움큼 넣어둔다고 한다. 그런 다음 말뚝에 코코넛을 단단히 묶어놓으면 원숭이가 다가와 손을 넣어 쌀을 움켜쥐는데 그때 원숭이에게 다가가는 것이다. 원숭이는 사람이 다가오는 것을 뻔히 보면서도 쌀을 움켜쥔 손을 놓고 도망갈 생각을 하지 못한다. 쌀에 대한 작은 욕심이 더 큰 위기를 부르는 것이다. 이것은 기업도 마찬가지고 개인도 마찬가지다. 눈앞에 있는 작은 이익에 집착하면 버릴 것을 제대로 버리지 못하게 되고 결국 실패하고 만다. 위의 이야기를 들으면서 원숭이의 어리석음을 비웃는 사람도 있을 것이다. 하지만 우리 역시 알지 못하고 느끼지 못하는 사이에 원숭이의 어리석음을 답습한다. 한 영화에서 소유에 대해 시적으로 이야기한 장면이 생각난다. 영화 〈와호장룡〉에 나오는 장면인데 스승이 제자에게 다음과 같이 말한다. "네가 가진 것을 쥐기 위해 손을 닫으면 그것만 네 것이고, 그 손은 그 밖의 아무 데에도 사용하지 못한다. 허나 네 손을 열면 이 세상이 모두 네 것이다." 우리 모두 소유에 대해 더 큰 그림을 그리면 좋겠다.

주식투자에 대한 이야기를 해보자. 요즘 직장인들의 점심시간은 주식시세를 알아보고 투자하는 시간이라고 한다. 하지만 냉정하게 생각해보자. 그동안 주식호황기가 몇 번 있었지만 주식을 해서 돈을 번 개인이 도대체 몇 명이나 될까? 우리는 주식을 통해 돈을 번 몇몇 사람들의 성공담을 보고 흥분하지만 정작 주식으로 돈을 잃은 수많은 사람들의 고통에는 큰 관심을 갖지 않는다. 주식은 제로섬 게임에 가깝다. 결국 주식시장은 개인들의 돈을 외국인 투자자들과 기관투자자들이 나눠서 가지는 형국인 셈이다. 풍부한 정보와 시스템, 그리고 전문 인력들이 집중적으로 연구하는 상대에 맞서 약간의 정보와 행운을 무기로 덤빈다면 그 결과는 어떨지 뻔한 것 아닌가? 그리고 직장에서의 평판은 어떻게 되겠는가? 돈을 벌고 잃고를 떠나 하루하루의 주가 등락에 따라 감정과 기분이 롤러코스터를 타는데 제대로 직장생활을 할 수 있겠는가? 이제라도 과감하게 주식투자에서 손을 떼라. 그래도 미련이 남는다면 차라리 적립식 펀드 등을 통해 전문가의 손을 빌려라. 그리고 그 시간에 자기를 위한 투자를 해라. 장기적인 계획을 잡고 1만 시간의 투자를 위한 공부를 시작하라. 하루 세 시간씩 10년, 결코 쉽지 않지만 불가능한 일은 아니다. 10년이라는 시간, 금방 지나간다.

그 다음 버려야 할 것은 인맥에 대한 낡은 사고이다. 최근 인간관계의 중요성이 인식되면서 인맥을 쌓으라는 말들을 많이 한다. 그래서 많은 사람들이 인맥을 쌓는다는 명목으로 사람을 만나고, SNS를 통해 다양한 모임을 갖고, 세미나 등에 열심히 참여하고 있다. 하지만 냉철하게 생각해보자. 그런 만남이 있은 다음 남은 것은 무엇인가? 혹시 처치하기 곤란한 명함만 쌓이고 평생 한 번 통화할 일도 없는 휴대폰 속의 전화번호만 늘어난 것은 아닌가? 새로운 사람을 만난다는 것은 성공을 위한 목적이 아니라 평소의 생활에서 구현되어야 한다. 한 대학교수가 유학 시절 겪었던 일을 이야기한 것을 들은 적이 있다. 그는 영국의 유명한 대학의 교환교수로 갔는데 그곳에서는 점심을 아는 사람이 아니라 모르는 사람들 틈에 끼어 나누는 것이 일반화되어 있다는 것이다. 다양한 전공, 다양한 연령대의 사람들이 자유롭게 만나 식사를 하며 다양한 이슈에 대해 의견을 피력하면서 토론하는 것이다. 그들은 이런 분위기에서 자신의 전공을 벗어난 다양한 관점을 배우고 놀라운 창의력을 발휘할 기반을 쌓는다. 우리의 형편은 어떤가? 인맥 쌓기가 성공을 위한 백그라운드를 만드는 '줄서기'는 아닌지 생각해보아야 한다. 나는 사람을 찾아다니기 전에 자신이 먼저 매력적인 사람이 되어야만 진정한 인맥이 쌓일 수 있다고 생각한다. 사람들을 찾아다니지 말고 내가 먼저 만나고 싶은 사람이 되라. 의식하지 않는 사이에 주위에 수많은 사람들이 모여 있을 것이다.

  버려야 할 것 중 가장 시급한 것은 성공에 대한 잘못된 사고방식이라고 생각된다. 이것은 꼭 우리들의 잘못은 아니다. 아직도 시대의 변화를 절감하지 못한 기성세대들의 잘못된 가르침이라고 생각한다. 성공을 위해 오직 한 우물을 파서 전문가가 되어야 하는 시대는 지나갔다. 또한 의사와 한의사, 변호사 등 특정 직업이 성공을 보장하는 시대도 지나갔다. 변화를 자각하지 못한 수많은 전문직들이 어려움을 겪는 것을 보고 있지 않은가. 또한 어떻게든 스펙을 쌓아서 대기업에 취업만 하면 된다는 생각 또한 잘못된 생각이다. 대기업에 들어간다는 것은 안정이라는 시작점이 될 수도 있지만 그곳은 더 치열하고 격렬한 경쟁의 시작점이라는 것도 염두에 두어야 한다. 대기업에서 임원이 되는 사람은 1%에 불과하다. 그리고 기업의 CEO가 되려면 그중에서 또 1%에 들어야 하는 것이다.

우리가 즐기고 만끽하는 IT기술은 또 하나의 다른 얼굴이 있다. 우리의 일자리를 빼앗아 가는 주범인 것이다. 자동화된 공장에서 로봇들은 공장근로자들의 자리를 빼앗아 가고 있고, 그동안 사람의 힘을 빌려야 했던 많은 일들 역시 사라졌다. 지하철 검표원, 전화교환원, 속기사 등등 사라진 많은 직업들을 생각해보라. 이제는 화이트컬러, 즉 지식근로자들의 자리도 점점 사라지고 있다.

이런 시대의 변화를 읽어야 한다. 지금은 사람이 아니면 할 수 없는 일에 집중해야 한다. 그런 능력을 갖추어야 한다. 지금 바로 사람에 대한 공부를 시작해라. 사람이 하지 않으면 할 수 없는 일에 집중해야 한다. 그리고 변화가 운명이 된 우리 삶에서 버려야 할 것은 과감하게 버려야 한다. 미켈란젤로는 돌덩이를 가지고 어떻게 살아 움직이는 듯한 조각품을 다듬어낼 수 있느냐는 질문을 받자 다음과 같이 대답했다.

"생동하는 아름다움은 이미 그 돌 속에 존재하고 있습니다. 다만 나는 그중에서 군더더기 부분을 잘라내는 것뿐입니다."

이미 최고의 가능성과 미래는 우리 속에 잠재하고 있다. 그것을 잘라내고 다듬는 일만 우리에게 남아 있다.

2) 작은 변화보다 큰 변화에 집중하라

서점에 나가 보면 수많은 자기계발서들이 나와 있다. 이 책들은 우리들의 부족함과 결핍을 자극한다. "이 급변하는 시대에 그 정도의 실력과 능력을 가지고 마음이 편한가? 뭔가를 바로 시작해야 하지 않은가?" 하고 끊임없이 우리 마음을 불편하게 만드는 것이다. 그렇기 때문에 똑같은 내용의 책들이 계속 나오고 사람들은 그 책들을 계속 사 모으고 있다. 뭔가 남들보다 내가 부족한 것 같고 가만히 있으면 도태될 것 같은 마음인 것이다.

그래서 남들보다 시간을 효율적으로 쓰기 위해 '아침형 인간'이 되고자 노력하고, 뭔가 남모르는 비법이 있을 것 같아 '스티브 잡스의 프레젠테이션 기술'을 찾아본다. 대화에 뭔가 특별한 비법이 있을 것 같아 대화법 책을 보고, 처세술, 상사관리법, 부하관리법 등 사람을 다루는 법을 배우고 인맥 책을 통해 사람을 만나는 법도 배운다. ~기술, ~법 등 깊지는 않지만 당장 써먹을 수 있는 기술이 넘치는 시대가 되었다.

나는 이것들 중 많은 것들이 생각이 변하면 모두 부수적으로 변할 것으로 생각한다. 현실을 보고 미래를 준비하기 위해 1만 시간의 법칙, 10년의 법칙을 시작하려고 한다면 하루 3시간의 시간을 만들기 위해 자연히 일찍 일어나게 된다. 학생의 경우 학교에서 전공 공부를 하면서 미래에 투자하는 공부를 위한 3시간을 만들려면 아침에 일찍 일어나지 않고는 배길 수가 없다. 점심 시간 역시 주식투자에 보낼 시간이 없어진다. 지하철로 출퇴근하는 시간 역시 그냥 보낼 수가 없고, 허황된 인맥을 만들기 위해 사람을 만나는 시간 역시 아끼게 된다. 상사관리법과 부하관리법, 그리고 대화법도 마찬가지다. 먼저 고전을 통해 사람의 본성과 지혜로운 처세를 배운다면 굳이 부하를 관리하지 않아도 자연스럽게 부하들의 존경을 받고 사람들이 따르는 리더가 될 수 있다. 또 상사 앞에서 쓰는 어법과 처세술을 배우지 않아도 당연히 윗사람의 사랑을 받는 부하가 될 수 있다. 작은 기술에만 집착하는 사람은 깊이가 없기 때문에 일에서나 삶에서나 그 얄팍함이 곧 드러난다.

  이런 책을 읽기 전에 먼저 고전이나 인문학 책을 읽기를 권한다. 고전에는 이미 수천 년 동안 검증받았던 사람에 관한 지혜가 담겨 있다. 사람에 관한 이해를 높이고 탁월한 인재경영의 해법을 찾으려면 『논어』를 보라. 사람과 조직을 운영하는 방법을 알고 싶다면 『한비자』를 읽으면 된다. 수천 년이 흘러도 결코 변하시 않는 인간의 본성이 적나라하게 드러난다. 기업 운영의 전략을 세우기 원한다면 『손자병법』을 읽어라. 『손자병법』은 군대에서의 전략전술뿐 아니라 경쟁전략을 세우는 데 이미 수많은 기업이 선택하고 있는 책이다. 마이크로소프트사, 제너럴 일렉트릭, 노키아 같은 기업은 『손자병법」을 철저히 연구해 기업경영에 활용하고 있다. 일본의 전설적인 경영인 마쓰시타 고노스케와 중국 하이얼 그룹의 장뤼민도 『논어』와 『손자병법』을 통해 경영의 해법을 찾았다고 한다. 우리나라 경영의 전설인 이병철, 정주영 두 기업인도 『논어』를 경영의 기본으로 삼았다. 이처럼 고전은 가장 오래된 책이면서도 가장 실용적인 책에 속한다. 엄청난 속도의 현재를 살아가는 데 도움이 되는 변하지 않는 지혜를 주는 것이다. 어떤 상황을 재치 있게 넘기는 사람보다는 깊이 있는 지혜를 몸에 익힌 사람이 훨씬 더 아름답게 보인다. 그리고 더 큰 꿈을 꾸고 그것을 이루는 힘을 몸에 갖추게 되는 것이다.

넓게 보고 깊게 사고하는 법을 배워라. 어느 정도 자질을 갖춘 지식근로자라면 자신의 지식과 능력으로 그냥 휩쓸려가도 그럭저럭 지낼 수는 있을 것이다. 하지만 더 큰 꿈을 꾸는 사람이라면, 이 급변의 시대를 기회로 생각한다면 뭔가 달라져야 한다. 시대의 큰 변화를 읽고 자기 자신 역시 그 시대에 맞게 변신해야 한다. 적당히 부족한 것을 메우며 사는 삶은 이제 그만하자.

3) 혼자 있는 시간을 만들어라

라이오넬 피셔는 자신의 저서 『혼자라는 즐거움』이라는 책에서 혼자됨이 생활의 단순함을 가져다줄 수 있다고 했다. 그리고 "단순함이 우리 삶에 질서와 명료함, 그리고 목적을 가져다 준다"고 말했다. 하지만 복잡한 현대사회에서 혼자만의 시간을 갖기란 어렵다. 가만히 자신의 생활을 되돌아보라. 가정과 직장에서 혼자 시간을 가진 적이 얼마나 있는가? 혼자 있는 시간이 없다는 것은 사색할 수 있는 시간이 없다는 것과 같다. 독서할 시간이 없는 것은 말할 필요도 없다. 독서와 사고가 없이는 직관력이 생기지 않고, 사물의 본질을 꿰뚫어볼 수 있는 힘이 사라진다. 한마디로 통찰력이 생기지 않는 것이다. 위대한 경영자들은 무언가 중요한 결정을 내려야 할 때 혼자만의 시간을 가졌다. 새로운 사업을 전개하거나 중대한 결정을 해야 할 순간에는 직관이 필요하다. 논리적인 분석이나 통계에 의한 합리적인 판단보다는 깊은 생각이 가져다 줄 수 있는 직관이 필요한 것이다.

이병철 회장의 도쿄 구상은 널리 알려진 이야기다. 그는 1960년부터 매년 연말연시가 되면 도쿄에 가서 새로운 사업구상을 했다. 전자와 반도체, 항공 산업에 진출하는 모든 구상이 그곳에서 이루어졌다고 한다. 사람들은 그곳에서 그가 선진국이었던 일본의 정보를 지인과 뉴스 등을 통해 수집하여 중요한 사업계획을 세웠다고 말한다. 하지만 나는 생각이 다르다. 지금과 같은 인터넷 시대는 아니지만 그 당시도 중요한 정보는 삼성의 회장실에 앉아서도 충분히 얻을 수 있었을 것이다. 그는 그곳에서 사색을 통한 직관을 얻었다고 나는 생각한다. 빌 게이츠가 미국 서북부의 작은 별장에서 생각주간(Think week)을 가지며 마이크로소프트사의 미래전략을 연구했던 것처럼, 헨리 데이비드 소로우가 숲에서 사색과 독서를 통해 직관을 얻은 것처럼 이병철 회장에게는 도쿄의 한 호텔방이 사색을 위한 숲이었을 것이다.

  프랑스의 수학자 앙리 푸앵카레는 "논리를 통해 기존의 사실을 증명할 수는 있다. 하지만 새로운 지식을 얻지는 못한다. 새로운 지식의 습득을 가능하게 하는 것은 직관이다"라고 말했다. 직관의 대가로 알려진 스티브 잡스 역시 스탠포드 대학 졸업식 축사에서 좀 더 감각적으로 비슷한 말을 했다. "용기를 가지고 여러분의 직관을 따르십시오. 끝없는 목마름으로, 끝없는 열정으로." 이런 직관을 가져다주는 것은 사색과 독서다. 그리고 사색과 독서는 혼자 있는 시간만이 줄 수 있다.

  많은 과학자들은 통찰력을 얻기 위해 걷기를 권한다. 여기저기를 거닐며 마음의 자유를 누릴 때 사물을 새롭게 연결하고 숨겨진 돌파구를 찾기가 쉬워진다는 것이다. 완전한 우연으로부터 중대한 발견이나 발명이 이루어지는 것을 과학 용어로 세렌디피티(serendipity)라고 한다. 따라서 뭔가 깊이 생각하는 주제가 있다고 하더라도 오로지 그것만을 생각하는 것은 현명한 방법이라고 할 수 없다. 한참 동안 재워두고 마음에 품고 있다가 적절한 휴식과 놀이, 그리고 산책 등을 통해서 마음이 여유로워질 때 무의식의 작용을 통해 중대한 발견을 할 가능성이 훨씬 더 높은 것이다.

생각의 도구를 활용하라

새로운 시대가 필요로 하는 인재가 되기 위해서는 남들이 가지 않은 블루오션으로 과감히 나아가야 한다. 하지만 남들이 하지 않는 분야라고 해서 모두 통하는 것은 아니다. 우리 시대에 독특한 아이디어를 가진 사람들은 많이 있다. 하지만 그 아이디어가 현실에 접목되지 않는다면 TV 개그프로그램 '달인'에 나오는 사람처럼 되고 만다. 그 아이디어들이 생각이라는 과정을 통해 세상이 필요로 하는 아이디어로 재탄생해야 한다. 그리고 그런 생각의 방법은 그동안 많은 창의적 인재들이 우리에게 다양하게 제시해주었다. 다행히 그들은 자기들의 창의성은 타고난 것이 아니라고 한다. 평범한 우리들도 얼마든지 몸에 익히고 만들 수 있다는 것인데, 그것을 위해 먼저 그들이 알려주는 생각의 도구들을 배워야 한다.

통찰은 '숨어 있는 진실을 발견하는 일'이다. 그러기 위해서는 1)문제를 찾고 2)새로운 발상을 하고 3)새로운 발상을 기존의 아이디어와 결합하여 구체화하는 과정이 필요하다.

문제를 찾는다는 것은 충족시켜야 할 결핍을 찾아내는 것이다. 결핍은 자신이 하는 일이 무엇인기에 따라 달라진다. 직장인은 사신의 일이나 자기가 몸담고 있는 기업에서 필요로 하는 것이 무엇인지를 발견하는 것이다. 사무직이라면 업무의 개선 방향에서, 기획직이라면 새로운 사업의 기획에서, 연구직이라면 새로운 제품의 기획과 기술 개발에서 어떤 문제가 있고, 그 문제를 해결하기 위해 어떤 점이

풀려야 하는지를 집중적으로 찾는 것이다. 만약 학생이라면 자신의 진로나 공부하고 있는 학문에서, 주부라면 생활을 하면서 불편을 주는 문제를 찾아내는 것이다. 이것이 바로 관찰의 단계이다. 즉 허무한 공상이 아니라 실생활에서 문제점을 찾는 것이다.

1) 관찰하라

피터 드러커가 쓴 유일한 자서전의 원제목은 바로 『*Adventures of a Bystander*』이다. 이것을 직역하면 '관찰자의 모험', 혹은 '방관자의 모험'이라고 할 수 있다. 피터 드러커는 자신의 인생을 '관찰'이라는 하나의 단어로 집약했으며, 자신의 놀라운 통찰력이 관찰하는 능력에서 나왔다는 것을 잘 알려주고 있다. "나는 예언을 한 적이 없다. 나는 그냥 창밖을 내다보고 눈에 띄는 것을 바라볼 뿐이다. 아직은 남들의 눈에 분명하지 않은 것을 말이다"라는 그의 말에서 우리는 그의 통찰력을 설명하는 세 가지 힌트를 얻을 수 있다.

  먼저 미래를 예측하는 통찰력의 시작은 관찰이라는 것이다. 보지 않은 것으로 상상하기는 어렵다는 말이다. 앞서도 이야기했지만 『여씨춘추』에서는 통찰력을 가진 사람들의 능력은 관찰하는 힘이라고 하며 그 사례들을 소개하고 있다. 그들은 기미를 읽고 징조를 포착하여 보통사람들이 보지 못하는 앞날을 예견하는 것이다. 두 번째로 '창밖을 바라본다'는 것은 문제에 직접 참여하기보다는 한 걸음 물러선 방관자의 입장일 때 더 잘 볼 수 있다는 것을 말한다. 마지막으로 항상 호기심을 가지고 관찰하라는 것이다. 남들이 보지 못하는 것을 보는 능력은 바로 새로운 것을 추구하는 마음의 자세이다.

관찰의 대가인 많은 과학자들은 미술을 통해 관찰하는 능력을 키울 수 있다고 한다. 그들은 "그리지 못하는 것은 눈으로 보지 못한 것이나 같다"고 하며 미술 공부를 했다. 또한 음악을 통해서도 관찰력을 키우는 노력을 했다. 시인이자 예술비평가였던 허버트 리드는 관찰은 후천적으로 습득할 수 있는 기술이라고 말했다. 그에 따르면 원래부터 집중을 잘하는 사람, 선천적으로 관찰한 것을 잘 그려내는 사람도 있지만 평범한 사람도 눈이나 다른 감각기관을 훈련시켜 훌륭한 관찰 능력을 몸에 익힐 수 있다는 것이다. 요즘은 IT기기의 발전으로 꼭 그림이 아니더라도 사진이나 비디오 촬영 등 다양한 분야의 취미로 도움을 받을 수도 있다.

그리고 일상적인 것들에 항상 관심을 기울이고 관찰하는 자세도 필요하다. 잘 알려진 이야기지만 아르키메데스는 욕조의 물이 넘치는 것을 보고 밀도와 비중의 원리를 발견했다. 눈앞에 떨어지는 사과를 보고 만유인력을 발견한 뉴턴도 마찬가지다. 대장장이의 망치질로부터 물체의 길이가 음의 높낮이와 관계가 있다는 것을 맨 처음 알아차린 피타고라스 등 이들의 놀라운 발견은 사소한 일상을 유심히 바라봄으로부터 시작되었다. 평범한 일상에서 놀라운 발견을 하는 것을 '세속적인 것의 장엄함'이라고 표현하는데, 위대한 통찰은 모든 사물에 깃들어 있는 매우 놀랍고도 의미심장한 아름다움을 감지할 줄 아는 사람들에게만 찾아온다. 레오나르도 다 빈치는 "훌륭한 미술가가 되려면 관찰력을 키워야 한다"라고 말했다. 또한 20세기 천재음악가 스트라빈스키는 "진정한 창조자는 가장 평범하고 비루한 것들에서도 주목할 만한 가치를 찾아낸다"라고 이야기했고, 비타민 C를 발견했던 생화학자 알베르트 센트 죄르지는 "발견은 모든 사람들이 보고, 아무도 생각하지 않는 것을 '생각'하는 것으로 이루어져 있다"고 말했다. 이런 거장들의 말을 들어보면 우리가 평범하기 때문에 놀라운 발견을 못하는 것이 아니라, 누구나 찾을 수 있는 놀라운 것들에 관심을 가지고 관찰하지 않음으로써 평범해진다는 사실을 자각하게 된다. 이것은 현대의 창의적인 사업가들에게도 자주 일어나는 일들이다. 꼭 첨단 IT기업의 예를 들지 않더라도 청소의 어려움을 겪던 주부가 스팀 청소기를 개발한 것이라든지 세계 최초의 먼지 봉투 없는 청소기인 다이슨 청소기도 마찬가지다. 믹서기 세일즈맨이었던 레이 크룩은 맥도날드 형제의 햄버거 가게에서 글로벌 가치가 될 단순성과 보편성을 남다른 관찰력을 통해 발견한다.

아마 과학자나 예술가가 아닌 사람들에게 가장 중요한 관찰의 목적은 사업적인 관점에서의 발견일 것이다. 실제로 사업적인 관점에서도 관찰이 큰 역할을 하기도 한다. 아니 대부분의 위대한 사업가들은 냉정한 관찰을 통해 사업의 영감을 얻었고, 블루오션을 발견하는 일도 모두 처음에는 관찰에서 시작된다. 지난 1970년 오사카 세계박람회를 방문한 미국 보험회사 애플렉사의 설립자인 존 아모스는 많은 일본사람들이 감기에 걸리지 않기 위해 마스크를 쓰고 다니는 모습을 보고 놀란다. 그는 그것을 유심히 관찰한 끝에 일본사람들은 부유하지만 최대한 위험을 피하고 싶어 하는 성향을 가지고 있다는 것을 발견한다. 일본인에게는 보험이 상당히 매력적인 상품이 될 수 있을 것이라는 판단을 한 그는 과감하게 일본 진출을 결정했고, 지금은 애플렉사의 매출 중 3분의 2를 일본에서 거두고 있다고 한다.

2) 유추하라

3천 년 전 인류 역사상 최고의 지혜자였던 솔로몬왕은 "이미 있던 것이 후에 다시 있겠고 이미 한 일을 후에 다시 할지라 해 아래에는 새 것이 없나니"(전도서 1장 9절)라고 설파한다. 또한 2,500여 년 전 동양의 한 철학자는 다음과 같이 이야기한다. "옛것을 잘 익혀서 이를 미루어 새로운 것을 알면 스승이 될 만하다." 첨단을 구가하는 디지털 시대에 왜 인문학이 필요한지를 이처럼 잘 표현한 말은 없을 것이다. 옛것을 잘 익히고 그 위에 새로운 지식을 더하는 그것이 바로 나아가야 할 방향이라고 공자는 말해주고 있다. 그리고 『근사록』의 핵심 원리라고 할 수 있는 이류이추(以類而推), 즉 '가까운 것을 가지고 미루어 생각하는 것' 역시 같은 뜻이라고 할 수 있다.

그리고 그 말들 속에는 유추의 중요성이 들어 있다. 이미 있던 것을 통해 새로운 것을 생각하는 것, 바로 유추하는 힘이 얼마나 중요한 것인지 잘 보여주고 있다. 사업을 새롭게 시작해 성공하는 사람이나 혁신적인 발명을 하는 사람들은 공통적으로 '유추하는 힘'이 뛰어나다. 일반적으로 혁신적이라고 하면 '무'의 상태에서 '유'를 만들어내는 창조를 떠올리지만 현실적으로 그런 일은 거의 일어나지 않는다. 최근 세상을 놀라게 하는 기업가들 역시 마찬가지다. 이들은 '무에서 유를 만들자'라는 생각은 하지 않는다. 오히려 완전히 새로운 것을 만드는 '창조'라는 것의 존재를 웃어넘길지도 모른다. 그들은 지금 세상에 있는 수많은 소재들을 가지고, 그것에서 적극적으로 유추를 한다. 아직 사람의 손때가 묻지 않고, 사람들이 열광할 수 있는 '숨어 있는 보물'을 찾는 데 온 정신을 집중한다. 그리고 그것을 위해 인문학과 고전의 지혜를 적극적으로 활용하는 것이다.

하지만 아무리 유추가 중요하다고 해도 깊은 생각 없이 무턱대고 따라 해서는 곤란하다. '원숭이 흉내'만으로는 곤란하다는 말이다. 우리가 잘 알다시피 원숭이는 모방의 천재이다. 앞에 있는 사람이나 다른 동물들의 특별한 행동을 유심히 관찰한 다음 자신의 행동에 반영해 재현한다. 무언가를 모방하는 것은 인간에게도 있는 본능이다. 중요한 것은 그 모방한 것을 자신의 것으로 만들 수 있느냐는 것이다. 만약 단순히 관찰한 것을 따라 한다면 그것은 원숭이의 모방과 다를 바가 없다. 보고 관찰한 것을 독창적인 자신만의 아이디어로 재창조할 때 진정한 자신의 소유가 된다. 그래서 혁신적인 발명이나 발견을 하기 위해서는 추상도(抽象度) 높은 유추가 필요하다. '하나를 보면 열을 안다'는 말처럼 그 현상의 구조, 즉 차원이 높은 것에 관심을 갖는 습관이 있는 사람이 효과적인 유추를 할 수 있는 것이다.

과학사적인 측면에서 우리들이 가장 쉽게 접하는 유추의 결과는 바로 뉴턴이 떨어지는 사과를 보고 발견한 '중력의 법칙'이다. '사과가 나무에서 떨어진다면 달도 떨어져야 하지 않는가' 하는 유추에서 우리 과학사의 위대한 발견이 이루어진 것이다. 개미가 음식물을 무는 모습에서 상처 봉합용 스테이플러가 만들어졌고, 스위스의 메스트랄은 옷에 붙은 엉겅퀴 가시에서 우리가 찍찍이라고 부르는 벨크로를 만들었다. 유추는 과학적인 발견뿐 아니라 음악과 미술, 문학 등 모든 예술분야에서도 핵심적인 역할을 하고 있다. 셰익스피어의 명작 『로미오와 줄리엣』은 아서 브룩의 시에서, 『베니스의 상인』은 이탈리아 소설집 『일 베코로네』와 말로의 비극 『몰타의 유대인』에서 아이디어를 차용했다고 한다. 또한 피카소는 스티브 잡스가 자주 인용하기도 했던 "유능한 예술가는 모방하고 위대한 예술가는 훔친다"는 말을 남기기도 했다. 유추는 디자인 분야에서도 활용되는데, 디자이너 김영세는 랍스타의 모습에서 새로운 휴대용 가스레인지 디자인을 창안하기도 했다.

이쯤되면 독자들은 '유추하는 능력은 타고나는 것인가? 몇몇 위대한 과학자나 예술가, 기업가들에게만 주어진 하늘의 선물인가?'

하는 의문을 가질 것이다. 하지만 다행스럽게도 유추 역시 연습과 학습을 통해 키워지는 능력이다. 어떤 사물을 볼 때 '그것이 무엇인가' 하는 단편적인 생각에서 벗어나 '그것이 무엇이 될까'에 착안하면 새로운 사고가 만들어진다. 그리고 그 사고를 바탕으로 새로운 발견을 할 수 있게 되는 것이다. 모든 만물에는 우리가 보지 못하는 것들이 숨어 있다. 이 숨어 있는 기능과 목적이라는 실체를 찾아낼 때 우리는 새로운 세상을 볼 수 있다.

3) 개방하고 연결하라

21세기 최고의 기업가들이 그들의 기업을 일굴 때 공통적으로 일어난 일이 있다. 그것은 자신이 보고 관찰한 것에서 새로운 아이디어를 떠올린 것이다. 바로 '직관'이라고 하는 사고의 작용이라고 할 수 있는데 그 바탕이 되는 것은 바로 연결하는 힘이다. 그들은 자신이 하던 비즈니스의 경험을 새로운 미래와 연결하거나, 새롭게 본 기술을 자신의 기술과 연결한다. 열린 마음, 즉 개방적인 자세로 다양한 분야와 분야를 연결해 나간 것이다. 자신의 것 외에 모든 것을 배척하는 마음으로는 아무것도 받아들일 수 없고 새롭고 창의적인 결과도 만들 수 없다.

 빌 게이츠는 처음 소형 컴퓨터를 조립해서 파는 사업을 하고 있었다. 막상 사업을 시작했지만 소자본으로 어려움을 겪던 그는 뉴멕시코의 작은 기업 MITS에서 개발한 알테어라는 새로운 컴퓨터에 사용할 베이직 프로그램을 공급하는 계약을 맺는 데 성공한다. 그 과정에서 그는 앞으로 PC 시장이 무궁무진하게 커갈 것이라는 직관을 얻게 되고, 그것을 자신이 하고 있던 비즈니스와 연결한다. 마이크로소프트사라는 20세기 가장 의미 있는 기업이 탄생하는 순간이다.

"우리는 앞으로 어디에나 컴퓨터가 있게 되리라고 믿었다. 왜냐하면 컴퓨팅 파워가 저렴해지고 훌륭한 새 소프트웨어가 그것을 활용하게 될 것이기 때문이다. 우리는 다른 사람보다 먼저 컴퓨팅 파워의 미래를 확신하고, 소프트웨어를 생산하는 기업을 만들었다."

개방된 마음으로 새로운 미래를 예측하는 능력이 PC 시대 세계 표준이 되는 소프트웨어를 만드는 기반이 된 것이다.

애플의 제품들도 '무'에서 만들어진 것은 아니다. 애플의 제품에는 항상 선구자가 있었다. 가령 아이팟에는 '퍼스널 주크박스'라는 선행제품이 있었고 매킨토시의 첨단 기술은 제록스의 팔로알토 연구소에서 보고 뽑아온 것이다. 이것을 두고 스티브 잡스는 "뛰어난 예술가는 흉내를 낸다. 그러나 위대한 예술가는 훔친다"는 피카소의 말을 인용하면서 "우리는 언제나 위대한 아이디어를 뻔뻔스럽게 훔쳐왔다"라고 말한다. 스티브 잡스가 자신의 성격대로 뻔뻔스럽게 이야기하기는 했지만 사실 그는 팔로알토 연구소에서 첨단기술을 훔쳐온 것은 아니다. 남들도 다 보는 기술을 자신만이 볼 수 있는 새로운 미래와 결합하는 능력을 발휘한 것이다. 그는 대형 컴퓨터에 사용되는 GUI(Graphical User Interface, 그림 위주의 컴퓨터 운영방식)를 가져와서 자신의 머릿속에 있던 '퍼스널 컴퓨터의 미래'라는 아이디어와 멋지게 결합했다. 그리고 GUI 환경을 갖춘 최초의 PC 매킨토시를 만들어냈다. 자신이 가지고 있던 패턴에 새로운 아이디어가 강하게 와서 충돌하면서 완전히 새로운 미래 제품을 만들어낸 것이다. 스티브 잡스는 다음과 같이 말한다. "창조성이란 무엇인가를 연결하는 것에 불과하다. 창조를 담당하는 사람은…… 실제로는 아무것도 하지 않는다. 그들은 그저 바라볼 뿐이다. 보다 보면 명확해진다. 과거의 경험을 연결해 새로운 것을 통합할 수 있기 때문이다. 그것이 가능한 이유는 그들이 다른 사람들보다 많은 경험을 했거나, 혹은 다른 사람들보다 자신의 경험에 대해 곰곰이 생각했기 때문이다." 양자물리학자인 하이젠베르크 역시 비슷한 이야기를 했다. "인간의 성장사에서 가장 비옥한 발전은 아마도 두 개의 서로 다른 생각의 흐름(Lines of though)이 만나는 지점에서 일어났을 것이다. 이 두 흐름은 때론 서로 다른 문화, 다른 시기, 혹은 다른 종교에 뿌리가 있을 정도로 상이한 것이기도 한다. 따라서 이런 두 흐름이 실제로 만나서, 즉 이들이 서로 연관을 맺어 실질적인 상호 작용이 일어날 수 있다면 우리는 새롭고 흥미로운 발전이 뒤따르리라고 기대할 수 있다."

이제 탁월한 인재들은 전문성과 함께 그것을 뛰어넘어 다양한 분야, 다양한 능력을 가진 인재들과 자신이 가진 기술에 다른 뛰어난 기술들 간의 연결을 할 수 있어야 한다. 능동적으로 사고하며 사람과 기술, 그리고 분야와 분야, 사업과 사업을 잘 연결하고, 또 연결하는 것을 좋아하는 사람이라면 얼마든지 새로운 사업과 창의적인 발견을 위한 기회를 잡을 수 있을 것이다. 스티브 잡스와 빌 게이츠, 그리고 세르게이 브린과 래리 페이지 등 우리 시대에 엄청난 부를 이룬 기업가들은 남들이 모두 보는 것에서 남다른 것을 보고 그것을 개방적으로 자신의 아이디어와 연결한 사람들이다.

4) 창의적으로 생각하라

『제7의 감각』의 저자인 윌리엄 더건은 좋은 아이디어는 예기치 못한 순간에 '섬광과 같은 통찰력(flash of insight)'으로 올 때가 많다고 한다. 그는 인류 역사상 가장 위대한 업적의 핵심적인 구성요소가 바로 이 통찰력이라고 하며 다양한 사례들을 보여준다. 역사적으로 나폴레옹이 유럽을 제패했을 때, 그리고 예술적으로는 피카소가 자신만의 스타일을 발견했을 때, 그리고 가까운 예로 빌 게이츠가 마이크로소프트사를 설립한 순간과 구글이 검색기능을 통해 인터넷을 제패했을 때는 모두 이런 통찰력에서 비롯되었다고 한다.

섬광과 같은 통찰력 자체는 그야말로 자신도 모르는 사이에 순간적으로 일어나지만 개인의 노력을 통해 얻을 수 있는 것들이다. 평소에 전문적인 지식과 함께 다양한 경험을 하고 독서를 통해 사고의 기반을 갖추고, 창의력을 키워주는 사고법을 익힘으로써 남다른 통찰력을 발휘할 수 있는 것이다.

창의력을 키우기 위해서는 앞서 이야기한 대로 개방된 마음가짐으로 분야 간의 장벽을 허물고, 다양한 일이나 취미 등을 통해 뜻밖의 통찰력을 얻어야 하지만 기본적으로 많은 아이디어를 생각하고 창출해내는 노력도 뒷받침되어야 한다. 흔히 천재들은 큰 어려움 없이 놀라운 창작물을 만드는 것으로 생각하지만 실제로 그들의 성과 뒤에는 엄청난 노력이 숨어 있다. 파블로 피카소는 걸작을 만들기 위해 약 2만 점의 그림을 그렸고, 아인슈타인은 약 240편의 논문을 썼다. 또한 바흐는 매주 한 편의 칸타타를 작곡했고 에디슨은 무려 1,039건의 특허를 신청했다고 한다. 많이 생각하고 많은 아이디어를 만드는 것, 그것이 천재의 밑거름이다. "남이 한 번에 능하거든 나는 백 번을 하고, 남이 열 번에 능하거든 나는 천 번을 한다"는 『중용』의 말씀이 결코 헛된 말이 아닌 것이다.

창의력을 키우기 위한 방법은 이미 책이나 다양한 이론을 통해서 우리들에게 소개되고 있다. 여기서는 우리가 생활을 통해서 가장 잘 활용할 수 있는 방법을 두 가지만 소개하려고 한다. 한 가지는 일상생활에서 쉽게 활용할 수 있는 '수평적 사고'이고 또 하나는 단 기간에 확실한 결과를 만드는 '몰입'의 사고법이다.

에드워드 드 보노는 지난 30년 동안 인간의 창조적 사고에 관한 수많은 저서를 발표한 세계적인 창조성 전문가로, 그가 창안한 '수평적 사고'의 개념은 옥스퍼드 사전에 실릴 정도로 일반적인 용어가 되었다. 그에 따르면 우리가 평상시에 하는 사고법은 수직적 사고라고 할 수 있는데, 기존의 지식과 경험에 비추어 논리적으로 옳고 그름을 판단하는 사고이다. 따라서 이 사고법은 논리에 의해 하나하나 순차적으로 순서를 밟아간다. 그에 반해 수평적 사고는 이미 형성된 인식의 패턴을 깨뜨리고 새로운 인식과 개념을 끄집어내어 변화를 찾는 사고라고 할 수 있다. 이를테면 수직적 사고는 하나의 구멍을 깊이 팔 때 사용하는 사고법이라면 수평적 사고는 여러 개의 구멍을 팔 때 사용하는 사고법이라고 할 수 있다. 잘 알려져 있는 간단한 예를 들어보자. '꽃'이라는 대상을 두고 생각할 때 상식적이고 수직적인 생각은 '시든다'라는 개념이다. 하지만 '꽃은 시들지 않는다'라고 생각하면 '조화(造花)'라는 새로운 상품이 탄생하는 것이다. 한편으로 생각하면 간단하지만 그동안 우리를 놀라게 한 첨단 제품은 다 이런 사고를 통해서 나왔다고 해도 과언이 아니다. 음반을 사러 레코드 가게로 가지 않아도 된다는 생각이 아이팟의 아이튠즈 서비스로 연결되었고, 전화는 음성을 전달하는 수단이라는 생각에서 벗어나자 영상통화폰이 나왔고, 휴대폰에 새로운 기능을 추가해서 새 제품을 만드는 것이 아니라 아예 컴퓨터를 휴대폰으로 만들면 어떨까 하는 생각이 다양한 애플리케이션이 가능한 스마트폰을 만들었다.

에드워드 드 보노는 2005년 7월 한국의 〈매일경제신문〉과의 인터뷰에서 '많은 사람들이 창조성을 개인의 천부적인 자질로 생각하는 경향이 있다'는 질문에 대해 이렇게 대답했다.

"창조성은 테니스처럼 누구나 배울 수 있는 기술이다. 그러나 연습에 따라 개인적인 차이가 생길 수 있듯이 창조성에도 높고 낮음이 있다. 훈련으로 모든 사람이 아인슈타인이 되는 것은 아니듯이 수학을 배운다고 모두 위대한 수학자가 되는 것은 아니다. 지능이란 사람의 잠재능력이다. 자동차에 비유하면 마력으로 표시되는 엔진이다. 따라서 운전을 잘하는 것은 엔진의 성능보다 운전하는 사람의 기술과 생각에 달렸다."

그의 말에 따르면 수평적 사고의 방법은 일상생활뿐 아니라 모든 분야에서 다 활용될 수 있다. 회사업무는 물론 개인생활에서도 조금만 머리를 쓰면 얼마든지 활용이 가능한 것이다. 마케팅의 아버지로 불리는 필립 코틀러는 이 사고법을 활용하여 『수평형 마케팅』이라는 책을 썼다. 이 책에 따르면 기존 시장에 새로운 콘셉트를 도입하면 얼마든지 새로운 시장을 만들어낼 수 있다는 것이다. 가까운 예로, 비행기의 마일리지 제도를 카드나 OK캐쉬백 카드에서 활용한 것과 같은 것이다. 자신의 전문분야나 일상생활에서 수평적 사고를 적용할 방법을 찾아보라. 창조성은 비범한 사람의 전유물이 아니라 많이 생각한 사람의 것이다.

수평적 사고가 일상생활에서 창의적 사고를 하는 방법이라면 단기간에 확실한 결과를 구하기 위한 사고법이 있다. 그것이 바로 '몰입'이다.

인류 역사상 위대한 일을 한 사람들은 모두 제대로 된 사고법을 몸에 익히고, 몰입했다는 공통점이 있다. 기하학을 공부하면서 아무도 가르쳐 주지 않았지만 모르는 것이 나오면 처음부터 다시 읽는 것을 반복하여 결국 전체 내용을 터득한 뉴턴이나, 전형적인 몰입적 사고로 물리학의 난제를 해결한 파인만 등 몰입을 통해 놀라운 과학적 성과를 만든 사람들은 많다. 아니 거의 모든 과학자를 비롯하여 예술가, 기업가, 정치가 등 남다른 업적을 이룬 사람들에게 꼭 필요한 덕목이 바로 몰입의 사고법이었다.

몰입은 일에 완전히 집중하게 되는 상태로 인식과 행동이 하나로 융합되어 과제에 집중하는 것을 말한다. 이러한 몰입 상태는 우리의 감성지능이 최고조에 이르렀을 때 가능하다. 몰입을 하게 되면 눈앞에 있는 과제에만 집중한 나머지 자신의 의식은 모두 내려놓게 되고, 일상의 사소한 문제들로부터도 완전히 자유로워진다. 몰입에 이르게 되면 사람들은 최고의 능력을 발휘하게 되지만 정작 자신은 그 결과에 초연해진다. 단지 몰입하는 행위 자체가 주는 즐거움이 동기를 유발하는 것이다. 몰입은 여러 가지 창의성 이론 중에서도 비교적 최근에 우리에게 알려졌다. 미하이 칙센트미하이 교수의 'Flow'라는 개념으로 우리에게 알려져 경영은 물론 스포츠 등 다양한 분야에서 활용되고 있다. 하지만 이미 오래전 고전에서는 이 몰입의 개념을 우리에게 가르쳐주고 있다. "일을 실행하는 사람은 몸을 그 일 안에 두어 마땅히 이해의 생각을 잊어야 한다." 채근담에 실려 있는 이 말은 일을 할 때 이해득실을 모두 잊고 오직 일에 몸과 마음을 집중하라는 '몰입'의 개념을 정확하게 일러주고 있다.

몰입은 어려울 것 같지만 우리 생활의 모든 면에서 적용이 된다. 독서도 마찬가지고 직장생활의 문제를 해결하는 것도 마찬가지다.

우리나라의 대표적인 '몰입' 전문가이자 베스트셀러 『몰입』의 저자인 황농문 교수에 따르면 몰입은 두 가지로 나눌 수가 있다고 한다. 연애나 취미 생활 등 즐거움을 원동력으로 하는 능동적인 몰입과 위기에 처한 상황에서 경영의 정상화를 추구하는 등 스트레스에서 시작되는 수동적인 몰입이다. 흔히 직장에서 많은 것이 바로 이 수동적인 몰입인데 이것을 즐거움을 기반으로 하는 능동적인 몰입으로 전환한다면 상상치도 못한 엄청난 성과를 거둘 수 있다.

感性

PART
02

감성으로
통합하라

- 감성능력을 키워라
- 미래 인재를 위한 3가지 감성능력
- 우리 삶의 가치가 되는 감성능력, '의미'를 찾아서

제6장
감성능력을 키워라

- 통합의 시대가 되었다
- 21세기 성공은 감성능력에 달렸다
- 감성으로 리드하는 리더들

통합의 시대가 되었다

뉴욕 타임즈 칼럼니스트인 토마스 프리드먼은 "오늘날에는 정치, 문화, 기술, 금융, 국가 안보, 생태학 등의 전통적 경계선이 급격히 사라지고 있다"고 말했다. 그러면서 그는 요즘 요구되는 인재의 모습을 '버서타일리스트(versatilist, 다재다능한 사람)'라고 한다. 지금 시대는 여러 가지 기술을 광범위한 상황과 경험에 적용하여 새로운 능력을 개발하고, 새로운 관계를 형성하고, 새로운 역할을 맡는 능력을 가진 사람을 필요로 한다는 것이다. 우리나라의 이어령 교수 역시 오직 전문가 지향의 사고방식을 경계하면서 "20세기가 전문가의 시대였다면 21세기는 통합의 시대다. 이제 어느 것 하나만 잘하는 것으로는 살아남기 어렵다. 앞으로 지식사회를 선도해갈 인재들은 전문가들이 간과한 지식 대통합을 통해 분야를 넘나드는 창조적 사고를 해야 한다"라고 말했다. 이처럼 이제 전문가의 시대는 저물고 있다.

이미 수많은 학자들과 석학들이 한 가지 지식에 전문적인 사람들의 한계를 지적하며 다양한 문화를 접하고 다양한 분야를 공부한, 다양한 관점을 가진 사람이 되라고 한다. 그리고 이런 사람을 두고 버서타일리스트, 즉 통합형 인재라고 하는 것이다.

인류 역사 속의 통합형 인재들

역사상 최고의 버서타일리스트를 꼽으라면 레오나르도 다 빈치를 꼽을 수 있을 것이다. 그는 르네상스 시대를 이끈 과학자이면서 미술가이다. 또한 건축, 토목, 사상 등 다양한 분야에 관심을 갖고 창의적인 작품들을 만들었다. 〈모나리자〉〈최후의 만찬〉등 불후의 미술 작품들을 그렸고 인체의 구조를 알기 위해 수십 구의 시신을 해부하기도 했다. 새와 곤충에 호기심을 가져 몇 년씩 관찰하기도 하고, 오늘날의 비행기, 헬리콥터와 탱크, 수상스키의 설계도면을 만들기도 했다. 보통 사람으로는 도저히 상상할 수도 없는 그의 다양한 창작품들은 지금의 과학기술로도 놀라운 것이지만, 그는 정작 노년에 '아무것도 이룬 것이 없다'는 고백을 한 완벽주의자였다. 심지어 자신을 두고 '평생 날카로운 면도날이 되기를 원했던 한낱 쇠붙이'라고 비유하기도 했다.

시대를 거슬러 올라가 아리스토텔레스와 공자 역시 다양한 방면에 관심을 가진 통합의 인재이다. 철학자 게오르크 헤겔은 "아리스토텔레스는 지금까지 역사에 등장한 가장 풍부하고 심원한 천재 학자 가운데 한 사람으로, 어느 시대에도 그와 필적할 만한 것을 내놓지 못했다"고 말했다. 플라톤의 제자인 그는 자연학, 물리학, 논리학, 정치학, 시학, 윤리학 등 지금껏 유래를 찾기 어려울 정도로 많은 분야의 수많은 저작물을 남긴다. 우리가 흔히 동양철학을 완성한 위대한 학자, 공부만 하는 서생의 이미지로만 알고 있던 중국 춘추시대의 철학자이자 유교의 시조인 공자도 마찬가지다. 『논어』를 유심히 살펴보면 그는 활쏘기, 음악, 그리고 수레도 잘 모는 다재다능한 인물이라는 것을 알 수 있다. 단지 예법에만 능한 철학자 겸 정치가가 아니라 다양한 분야에 관심과 재능을 갖춘 종합 교양인, 즉 통합적인 인물인 것이다.

우리나라에도 다재다능한 인물로 남부럽지 않은 사람들이 많이 있다. 조선시대 최고의 실학자인 정약용은 사회·정치·경제·문화 등 다방면에 걸쳐 수백 권에 달하는 저서를 남겼고, 수원성 건립을 설계하고, 그 당시 도르레의 원리를 이용한 거중기를 제작할 만큼 과학적인 지식 또한 대단했다. 조선 말기 나라를 다스리는 목민관의 자세를 다루는 『목민심서』 7권을 비롯하여 『논어고금주』『맹자요의』『대학공의』 등의 철학서, 『악서고존』 등의 음악서, 『마과회통』 같은 의학서 등 그의 저서는 분야를 가리지 않을 정도였다. 그는 비슷한 시대 서양에서 활약했던 칸트, 루소, 괴테, 헤겔에 비견할 만한 동양의 대학자라고 할 수 있을 것이다.

인류 역사상 최고의 천재들과 비견할 만한 우리나라의 자랑스러운 통합형 인재로 세종대왕을 빼놓을 수 없다. 분야를 가리지 않고 넘나드는 그의 천재성은 통치를 해야 하는 왕이라는 자리가 오히려 그의 천재성을 발휘하는 데 저해요인이 되었다는 생각이 들 정도이다. 인류 역사상 최고의 글자라고 국내외에서 공인하는 한글을 창제한 것을 비롯하여 관노 출신인 장영실을 등용하여 앙부일귀, 자격루 등의 위대한 발명품들을 만드는 등 과학 분야에서도 탁월한 치세를 했다. 또한 박연을 통해 악기를 개량하고 아악을 정리하게 하는 것 외에도 군사, 농업, 인쇄, 문학 등 그의 업적은 한계를 가늠하기 어렵다. 그중에서도 가장 자랑스러운 것은 바로 나라를 다스리는 사람은 어떻게 해야 하는가를 가르쳐 준 정신의 유산이다. 백성과 신하를 마음으로 사랑하는 모습을 보여준 그는 감성과 이성이 통합된 진정한 통합형 인재였다.

통합형 인재의 조건

'한 우물을 파라'는 속담이 있다. 어느 것 하나도 제대로 못하면서 쓸데없이 여기저기 기웃거리다가는 한 가지도 제대로 못한다는 말이다. 하지만 사회와 기업 등 모든 분야에서 다재다능한 인재가 각광을 받는 요즘은 좀 다르게 생각해야 한다. 한곳에서 한 우물만 계속 파다 보면 끝까지 물을 찾지 못할 수도 있다. 한곳만 파내려 가다

보면 우물은 점점 더 좁아져서 삽질을 할 수도 없을 지경에 이르고 만다. 우물 안에 갇혀 우물 안 개구리가 되고만 수많은 전문가들의 모습을 우리는 자주 접하지 않는가? 요즘은 우물을 파도 물이 나올 가능성이 있는 곳을 여기저기 파보아야 한다. 다양한 분야의 풍부한 지식을 뒷받침으로 가장 가능성이 높은 한곳을 파나가야 하는 것이다.

이 책은 제목에서 말해주듯이 크게 두 가지를 권하고 있다. 인문학을 통해서 세상의 감춰진 면을 읽는 통찰력을 키우고, 감성을 통해서 균형 잡힌 통합을 할 수 있는 힘을 키우라는 것이다. 인문학적인 기반은 사람들에게 폭넓고 남다르게 생각하는 방법과 세상을 읽고 예측하는 능력을 준다. 이 인문학적인 소양을 기반으로 사람들과 사회의 결핍을 파악했다면 그 다음은 그것을 채워주어야 한다. 그 결핍을 메우고 사람들을 충족시켜야 할 때 필요한 것이 바로 감성이다.

디자인은 단순히 효용을 채우는 것이 아니라 의미를 줄 수 있어야 한다. 그래야 사람들이 아름다움을 느끼고 공감하고 진짜로 만족할 수 있다. 단순한 팩트(fact)가 아니라 스토리로 전달해야 사람들의 마음을 움직이고 공감을 불러일으킬 수 있다. 이것은 제품도 마찬가지다. 휴대폰을 통해서 사람들 간의 연결만 생각한다면 뒤처지고 만다. 노키아의 슬로건은 '커넥팅 피플(Connecting People)'이다. 즉 사람과 사람을 연결한다는 말이다. 휴대폰이 순수하게 사람들을 연결해

주는 통신의 기능만 할 때는 이것보다 더 적합한 슬로건은 없었을 것이다. 그리고 그때 노키아는 세계의 휴대폰 시장을 압도적으로 장악했다. 하지만 이제는 어떤가? 아이폰이 나오면서 휴대폰은 단순히 사람들 간의 연결뿐 아니라 사람들과 교감하고 공감하고 놀이터도 제공해주고 충만한 느낌을 주는 역할을 하고 있다. 스마트폰의 강자 삼성전자의 슬로건은 'Talk, Play, Love'이다. '대화하고 놀고 사랑하는' 마치 친구 같은, 애인 같은 역할을 소비자들은 요구하고 있다. 이런 것들에 대한 필요를 채워주는 것이 바로 감성이다. 그리고 다양한 필요들을 균형 있게, 조화롭게 결합해주는 것도 감성이 하는 일이다.

이제 다양한 인문학적인 소양으로 풍부한 콘텐츠를 갖추었다면 감성이라는 가장 효율적인 운영체제를 통해 자신의 효용과 가치를 높여야 한다. 사람들은 감성에 따라 움직인다. 나에게 동기를 부여하고 목표를 정하고 그것을 향해 뛰게 하는 힘을 주는 것도 바로 감성의 작용이다. 내적인 동기와 외적인 발현을 모두 가능하게 하는 것이다. 사람들은 머리로 생각할 때는 냉정하게 분석하지만 가슴으로 느낄 때는 행동으로 옮기게 된다. 이렇게 가슴으로 느끼게 하는 것이 바로 감성의 능력이다.

정보화시대 다음에는 꿈과 이미지에 의해 움직이는 드림 소사이어티가 온다고 주장하는 미래학자 짐 데이토는 한국에 대해 다음과 같은 충고를 한 적이 있다. 우리들이 귀담아 들어야 할 내용이라고 생각되어 인용해보기로 한다.

"한국이 앞으로 닥쳐올 드림 소사이어티를 주도하는 선진국이 될 수도 있다. 그러나 이공계의 과다한 배출과 MBA에 대한 지나친 관심에는 조절이 필요하다. 한국이 예술, 인류학, 철학, 미래학, 미디어 생산 등을 강화한다면 드림 소사이어티를 주도하는 일류 국가가 될 것이다."

21세기 성공은 감성능력에 달렸다

15세기 중세 유럽에서는 과학, 인문학, 예술 등 다양한 분야에서 엄청난 문화혁명, 르네상스가 일어난다. 이질적인 많은 분야에서 동시에 놀라운 혁신과 창조성이 발휘된 데는 지적 혹은 예술적 교류, 즉 다양한 학문 사이의 통합이 있었기에 가능했다. 학문의 벽을 허물고 서로의 전공분야와 문화를 공유하면서 당대의 유명한 조각가와 시인, 철학자, 화가, 건축가들이 창조적 가치를 찾아내는 일에 성공한 것이다. 프란스 요한슨은 저서 『메디치 효과』에서 이러한 지적 교류의 환경을 제공한 사람들은 바로 금융 부자였던 메디치 가문 사람들이라고 한다. "지식 교류의 중요성을 누구보다도 먼저 터득한 이 메디치 가문 덕분에 피렌체는 창조와 혁신의 온상지가 되었고, 르네상스의 찬란한 문이 열리게 되었다"는 것이다. 이처럼 창조적인 환경을 만들려면 개방과 융화의 정신이 필요하다.

다양한 경험과 지식을 연결하고 경계를 넘어 폭넓은 사고를 하고 여러 분야들을 조화롭게 통합하는 것은 감성이 하는 큰 역할 중의 하나이다. 이런 감성을 대니얼 핑크는 '조화'라고 표현했다. 조화는 작은 조각들을 결합하는 능력으로 이는 분석보다는 종합하는 능력을 말한다. 특정한 해답을 찾기보다는 폭넓은 패턴을 감지하는 능력이며, 남들이 미처 생각하지 못했던 요소들을 결합하여 새로운 것을 창조하는 능력인 것이다. 이런 능력이 있는 사람들은 직관력과 문제해결 능력이 뛰어나고 넓은 시야로 큰 그림을 볼 수 있다. 짐작했겠지만 첨단 IT 기업의 경영자들은 모두 이런 능력이 탁월했다.

그리고 감성은 그 자체로도 조화롭게 통합되어야 더 큰 힘을 발휘한다. 눈을 감고 코를 막고 양파를 먹으면 매운 맛을 느낄 수가 없다는 실험이 있다. 이것을 통해 우리는 우리 몸의 감각들이 혼자서는 제 기능을 발휘하지 못한다는 것을 알 수 있다. 맛을 느끼는 미각은 냄새를 맡는 후각의 도움을 받아야 제 역할을 할 수 있는 것이다. 감성능력도 마찬가지다. 디자인이나 스토리, 혹은 유머 등 다양한 감성소구 역시 조화롭게 통합되어 제시되어야 한다. 아무리 좋은 감성소구도 제각각 따로 놀아서는 결코 사람들에게 공감을 줄 수 없다. 특히 첨단 디지털시대의 디자인은 하드웨어, 소프트웨어, 서비스 등의 이질적인 요소를 조화롭게 '결합'해야 한다. 이것은 애플의 아이팟의 성공으로 우리에게도 낯설지 않게 되었는데, 이런 결합에도 조화하는 감성이 꼭 필요하다. 만약 단순히 많은 기능만을 모아 결합한다면 그 아이디어는 실패하고 만다. 기술적으로는 탁월한 제품이지만 구매자들에게 강력한 구매이유 제시에 실패한 제품으로 필립스의 CD-i라는 제품을 들 수 있다. 비디오＋뮤직 시스템＋게임기＋교육 도구 등이 하나로 통합되어 다양한 기능을 가진 '상상의 제품'이라는 이름까지 붙었지만 결국 실패하고 만다. 너무 많은 기능으로 인해 소비자들이 그 사용법을 숙지하기가 어려웠던 것이다.

21세기에 들어서면서 빠른 속도로 추락하고 있는 기업을 들자면 소니를 들 수 있을 것이다. 물론 지금도 최고의 전자기업 중의 하나이지만 20세기 말 세계 최고의 위상을 자랑하던 기업으로서의 면모를 지금은 점점 잃어가고 있다. 모튼 T. 한센은 자신의 책 『협업』에서 MP3 시장에서의 소니의 실패를 '조화'라는 관점에서의 감성 부족으로 보고 있다. 당시 애플은 하드 디스크(도시바에서 공급), 하드웨어 설계도(포털 플레이어), 디지털－아날로그 변환칩(울프슨 마이크로일렉트로닉스) 등 많은 부분을 외부에서 공급받았고, 자신의 하드웨어 팀과 아이튠즈 팀, 디자인 팀과 함께 내외적으로 수많은 부서들을 통합해야 하는 쉽지 않은 환경이었다. 하지만 애플은 이 수많은 사내외의 조직들을 멋지게 통합해 아이팟이라는 신화적인 제품을 창조해내었다. 당시 아이튠즈 책임자였던 제프 로빈은 그때의 경험을 "굉장한 팀 프로젝트였다. 소프트웨어 팀, 하드웨어 팀, 펌 웨어 팀이 서로 간에 아무런 경계선도 없이 모두 한마음이 되어 일했다. 참 놀라운 경험이었다"라고 말한다. 회사 내외의 많은 팀들이 통합과 조화라는 감성능력으로 하나가 된 것이다. 하지만 소니는 그 당시 거의 모든 부분을 사내에서 조달할 수 있는 압도적으로 유리한 입장이었지만 오히려 팀 간의 높은 벽들이 걸림돌이 되어 효율적인 소통이 되지 않았다. 당시 미국 소니 법인 회장으로 그 프로젝트를 이끌었던 하워드 스트링거는 "사일로가 너무 많아서 소통이 불가능했다"고 말했다. 일본 소니 뮤직, 미국 소니 뮤직, 미국 소니전자와 PC그룹, 워크맨그룹이 제각각 다른 사업구상을 함으로써 내부 통합이 전혀 이루어지지 않은 것이다.

『아트 컴퍼니』의 저자인 곤노 노보루는 한때 세계 최고의 전자기업 국가인 일본이 뒤처진 이유는 '뿔뿔이 존재하는 지식을 네트워크화하여 종합함으로써 새로운 가치를 낳는 능력이 일본 기업에는 결여'되었기 때문이라고 한탄한다. 이 말이 소니의 부진을 한마디로 대변해주고 있다. 연결하고 통합하는 감성능력의 부족이 세계 최고 기업의 쇠락을 가져오고 말았던 것이다.

우리는 감성 민족이다

비록 스티브 잡스에 의해 감성에 대한 우리 관심이 폭발하였지만 우리나라는 예로부터 감성이 풍부한 나라로 정평이 나 있었다. 원래 우리 한국인은 부드럽고 온유하며 여유만만한 성품을 가지고 있었다. 거스름돈을 받아도 세지 않고, 노래와 춤을 즐기며, 나보다는 남을 배려하는 등 논리적이고 합리적이라기보다는 직감적인 민족이었다. 2002년 세계가 놀랐던 우리의 월드컵 응원문화와 지금 전 세계 젊은이를 열광시키고 있는 K-POP 열풍 등은 감성능력이 뒷받침되지 않고는 결코 할 수 없는 일이다. 이것을 보면 전형적인 우뇌형 민족이라고 할 수 있는데 산업화, 근대화가 되면서 경쟁과 스트레스, 그리고 조급증으로 인해 좌뇌적 성향이 강해지게 된 것이다. 특히 한창 감성능력을 개발해야 할 시기에 입시와 시험공부에 모든 시간과 노력을 빼앗기는 것 역시 이런 성향을 더욱 심화시켰다고 할 수 있다.

세계적으로 감성적인 민족이 많이 있지만 특히 우리나라는 지배계급으로부터 평민들까지 모두 인문학적 자질과 감성을 마음껏 발휘한 나라였다. 우리나라의 왕과 지배계급인 양반들은 모두 인문학자이자 예술가였다. 왕은 왕자 시절부터 엄격한 스승 아래에서 혹독하게 공부를 해야 했고, 양반 계급은 부름을 받아 정치계로 나가기 전까지는 모두 공부만 하는 인문학도였다. 그리고 모든 양반은 서예를 통해 아름다운 글을 쓰는 예술가였다. 그리고 하층계급인 서민들 역시 세종대왕이 창제한 한글을 통해 일찍이 문학작품을 접할 수 있었다. 비록 양반계층이 탐닉하는 중국 유학과 고전철학은 아니지만, 민족적인 특성을 잘 보여주는 재미와 해학이 넘치는 서민적인 문학을 통해 숨겨진 끼를 마음껏 발휘했던 것이다. 그리고 오히려 즐기는 쪽이었던 양반계층보다는 그것을 만드는 쪽이었던 하층계급이 더 예술적인 감수성이 뛰어난 것을 알 수가 있다. 판소리, 민화, 탈춤놀이 등 지금도 세계 모든 이에게 공감을 주는 문화유산이 바로 우리의 것인 것이다.

흔히 서양의 문화와 문화재를 이야기할 때 그것은 대부분 지배계층과 피지배계층으로 명확하게 구분되는 경우가 많다. 특정한 한 가지가 지배계층으로부터 피지배계층 모두에게서 그 감성적인 면모를 일관되게 보여주는 것은 찾아보기가 힘들다고 생각된다. 하지만 우리의 도자기는 최고의 지배계급인 왕으로부터 양반계급, 그리고 최하층 서민에 이르기까지 모두 일관되게 그 감성적인 면모와 아름다움을 보여준다. 지배계층이 사용했던 고려청자와 조선백자의 아름다움과 독창성은 이미 전 세계적으로 극찬을 받고 있지만 서민이 사용했던 막사발도 새로운 감성 문화재로 떠오르고 있다. 현재 일본에서는 우리 막사발을 '이도자왕(井戸茶碗)'이라고 부르며, 최고의 보물로 인정하고 국보로 지정하고 있다고 한다. 세계 도예미학의 최고 전문가라고 할 수 있는 버너드 리치는 "이 막사발처럼 없으면서 있는 것 같은 색과 투박한 촉감을 낼 수 있는 사람이 곁에 있다면 얼마나 편하고 남을 행복하게 할까"라며 머리를 감싸고 울부짖었다고 한다.

이처럼 우리 감성능력은 어디에 비교해도 모자라지 않다. 단지 그것을 발휘할 수 있는 능력과 잠재력을 꽁꽁 묶어두고 있었을 따름이다. 이제 우리의 숨겨진 감성능력을 깨워야 한다. 그리고 현실에 적용하고, 특히 기업 경영과 리더십에서 적극적으로 활용해야 한다.

잃어버린 감성능력을 어떻게 키울 것인가

그동안 많은 학자들은 감성을 몇 가지 큰 줄기로 분류했다. 분노, 슬픔, 두려움, 즐거움, 사랑, 혼란, 놀람, 혐오, 부끄러움 등의 범주이다. 캘리포니아 대학의 폴 애크먼 교수는 이것들 중에서 전 세계 모든 문화권의 사람들에게 공통적으로 인식되는 보편적인 네 가지 감성을 발견했다. 서로 소통하지 않고 문화적인 접촉이 전혀 없는 원시적인 민족에게서도 두려움, 분노, 슬픔, 즐거움의 네 가지 감성 표현은 동일하게 나타난다는 것이다. 이것을 미루어보면 감성은 인간의 중요한 본성 중의 하나이며 그중에서도 이 네 가지는 가장 핵심적인 감성이라는 것을 알 수 있다.

우리가 흔히 감성지능(EI, Emotional Intelligence)이라고 부르는 것은 이러한 감성을 얼마나 긍정적으로 잘 다스리는지를 나타내는 개인적 지능을 나타내며, 감성능력은 그것을 삶과 행동에 적용하는 능력을 말한다. 감성이론의 창시자인 대니얼 골먼 박사는 '감성능력이란 자신의 감정을 잘 다스리며, 상대방의 입장에서 이해하고 좋은 관계를 유지하는 것'이라고 정의하고 있다. 그리고 자신의 책 『감성의 리더십』에서 감성능력을 자기인식, 자기관리, 사회적 인식, 관계관리의 네 가지로 나누고 있다. 그가 말하는 자기인식과 자기관리는 '자신의 감정, 능력, 한계, 가치, 목적에 대해 깊이 이해하고, 그것을 좋은 방향으로 이끌어 최고의 가치를 발휘하기 위해 노력하는 것'을 말한다. 이것을 이끌어내는 것이 바로 열정, 끈기, 노력, 인내, 반성

등의 덕목이다. 그리고 사회적 인식과 관계관리는 상대방의 입장을 이해하고 서로 공감하며 공동의 목표를 이루기 위해 사람들을 이끌어가는 능력을 말한다. 한마디로 상대방을 배려하고 역지사지의 마음을 갖는 것으로 기업가나 정치가, 혹은 사회적 리더들에게 꼭 필요한 능력이다. 이렇게 감성의 능력은 우리가 그동안 알던 인문학적 교양이 주는 능력과 상당히 유사한 것을 알 수 있다.

그러면 우리의 감성능력을 키울 방법은 없을까? 뇌 과학적으로 감성능력은 노력에 의해 키울 수가 있다고 한다. 단순히 지식을 습득하는, 우리가 알고 있는 지적인 학습 과정에 비해 더욱 많은 시간과 노력이 필요할 뿐이다. 지성 및 이성적인 사고를 관장하는 신경계와 감정 작용을 관장하는 신경계는 각각 다른 과정을 거친다. 우리가 흔히 말하는 공부는 지식을 습득하는 것으로 분석적, 기술적 지식과 능력을 키우는 것을 의미한다. 이런 공부는 우리 뇌 속에서 순간적으로 일어난다. 내 머릿속에 들어온 새로운 지식은 연상과 이해라는 두뇌 작용을 거쳐 빠른 속도로 우리 머릿속에 기억되는 것이다. 하지만 감성능력은 기존의 지식을 습득하고 기억하는 학습과는 다르다. 감성지능은 단순히 우리 머릿속에 있는 지식이 아니라 우리의 마음속에 있는 삶의 의미를 행동을 통해 구현하는 능력이다. 정리해서 말하면 '자기통제' '열정' '끈기' '동기부여 능력' 등을 말한다. 짐작하겠지만 이런 능력들은 꼭 뇌 과학의 어려운 이론으로 설명하지 않더라도 갖추기 어렵다는 것을 우리는 경험을 통해 알고 있다. 이것을 배우기 어려운 것은 지식처럼 완전히 새로운 것을 받아들이는 것이 아니라, 우리가 살아오면서 자연스럽게 체득된 습관을 새로운 습관으로 대체해야 하기 때문이다.

감성능력을 키우기 위해 가장 필요한 것을 들자면 그 첫째는 당연히 사람에 대한 공부, 바로 인문학과 예술이다. 오직 이런 기반을 통해서만이 감성능력이 자랄 수 있다. 인문학 공부에서 가장 중요한 목적 중의 하나는 바로 '자기성찰'이다. 간단히 말해 자기 자신을 알라는 말인데, 이 자기성찰을 통해서 현재의 자신과 이상적인 자신의 차이를 알 수 있다. 이 차이를 알고 메우려고 노력하는 자세가 바로 감성능력이다. 요즘 어린이 학습 시장을 보면 열풍이라고 할 정도로 자기주도 학습이 유행하고 있다. 이런 계통에 문외한이라고 해도 어린이들이 자신이 왜 공부해야 하는지를 깨닫고 자발적으로 하는 공부가 가장 효과적이라는 것은 누구라도 알 것이다. 이렇게 자발적인 마음의 자세를 만들어주는 것이 바로 감성능력이다. 따라서 아이들이 공부를 잘하기 바란다면 감성능력을 키워줄 수 있는 인문학 공부가 필수적이다. 시험이나 성적과는 별 관계가 없다고 생각하고 미뤄둔 과목이 사실은 공부를 잘하는 데에 가상 핵심적인 요소인 것이다.

감성능력을 키우기 위해 꼭 필요한 두 번째 기반은 다양한 경험과 도전이다. 우리의 뇌는 위기 등 결정적인 순간에는 자신의 지적인 능력보다 과거의 경험으로부터 축적된 직감이라는 본능적 능력에 더 의존한다고 한다. 따라서 비록 우리가 의식하지는 못해도 다양한 경험을 통한 교훈은 우리의 머릿속에 차곡차곡 저장이 되었다가 예전에 겪었던 것과 유사한 고비를 맞거나 난관에 처하게 되면 잘 대처하게 만들어주는 것이다. 우리 인간들이 오랜 옛날 자연의 다양한 위협에서 생존할 수 있었던 것은 그 위험에 즉각적으로 대처하는 본능에 힘입었다고 할 수 있다. 그것은 우리 뇌의 편도체가 하는 역할인데 우리의 감정 역시 이 영역과 관련이 있다. 따라서 다양한 실패와 성공의 경험을 쌓아나가는 것은 리더는 물론 현대를 살아가는 모든 사람들에게 필수적인 요소이다. 큰 성공을 이룬 사람들은 모두 다양한 실패를 딛고 일어선 공통점을 가지고 있다. 실패를 통해 다져진 경험과 그것을 극복한 인내와 끈기, 그리고 성공하겠다는 강력한 내적동기가 다시 도전할 수 있는 힘을 주고 큰 성공의 기반이 되는 것이다. 한마디로 말해 성공한 사람과 실패하는 사람을 나누는 가장 큰 차이는 바로 실패라는 경험에서 무엇을 얻는가에 달렸다고 해도 틀린 말이 아니다.

마지막으로 감성능력은 꾸준함을 통해 얻을 수 있다. 앞서 말한 대로 감성을 학습하는 것은 단순히 지식을 습득하는 과정보다는 훨씬 더 많은 시간과 노력이 필요하다. 이것은 생활태도나 습관을 바꾸는 것이 얼마나 어려운지를 생각해보면 잘 알 수 있다. 스탠퍼드 대학의 사회학자 샌퍼드 도른부슈는 미국에서 공부하는 아시아계 학생들이 백인 아이들보다 훨씬 더 괄목한 만한 성과를 거두는 이유를 그들 부모가 가지는 강력한 학습욕구라고 밝혔다. 그는 "대부분의 미국 부모들은 아이의 약점을 기꺼이 받아들이고 강점을 강조하는 반면에, 아시아계 미국인 부모들이 지니는 태도는 '만일 네가 공부를 잘하지 못하면 해결책은 밤늦게까지 공부하는 것이고, 그래도 공부를 못하면 아침에 좀 더 일찍 일어나 공부하는 것이다'로 요약된다. 그들은 열심히 노력하면 누구나 공부를 잘할 수 있다고 생각한다"라고 말한다. 이 주장에 미루어보면 공부하는 자세와 성적은 뚜렷한 상호관계가 있다는 것을 알 수 있다. 꾸준한 노력을 통해 공부를 잘할 수 있게 되지만, 꾸준한 공부를 통해서 동기유발, 열성, 끈기, 인내 등의 감성적 강점이 키워질 수도 있다는 말이다. 그리고 이런 감성적 강점은 우리의 성공과도 밀접한 관련이 있다. 우리가 잘 아는 『마시멜로 이야기』는 이런 감성의 억제능력이 우리의 미래를 얼마나 좌우하는지를 잘 보여주고 있다.

감성으로 리드하는 리더들

여기서 우리는 리더들의 덕목에 대해 다시 한 번 짚어볼 필요가 있을 것 같다. 우리가 추구하는 리더의 모습은 단순히 감성능력만을 갖춘 사람이 아니다. 바람직한 리더는 좌뇌적 영역, 즉 분석적이고 개념적인 사고를 바탕으로 하는 지적능력과 함께 자신은 물론 함께 하는 사람들의 비전을 세우고 공감을 통해 실현해나가는 감성능력, 즉 우뇌적 영역이 조화롭게 통합된 사람을 말한다. 기업의 CEO라면 자기 회사의 주력분야에 대해 당연히 확실한 전문성이 요구된다. 덧붙여 조직을 이끌고, 인력을 적재적소에 활용하고, 미래의 비전을 제시하는 등 실제로 회사를 전반적으로 이끌어가는 능력 역시 리더에게 가장 필요한 요소 중의 하나인 것이다.

그동안은 전문가적인 관점에서의 리더가 강조되어 왔지만, 최근에는 감성능력을 더 두드러지게 요구하고 있다. 그래서 대니얼 골먼은 "성공한 리더와 실패한 리더의 차이는 기술적 능력이나 지능지수가 아니다. 감성지능의 차이가 핵심이다. 지적능력이란 20%면 충분하다"라고 말하기도 했다. 그 비율에 대해서는 다양한 견해가 있지만 두 가지 능력의 적절한 조화 없이는 결코 훌륭한 리더가 될 수 없다는 점은 일치한다.

고전에서 배우는 감성 리더십

리더십을 한마디로 정의하면 '사람을 통합하는 능력'이라고 할 수 있다. 사람을 통합한다는 것은 리더를 포함한 모든 조직원들이 조직의 목표에 공감하고 한 방향으로 나아가게 하는 것이다. 이런 점에서 보면 모든 리더들은 감성 리더가 되어야 한다. 유능한 리더라면 부하들과 감성적 주파수를 맞추어 공감대를 이끌어낼 수 있어야 하기 때문이다. 감성적으로 리드하는 것은 카리스마 리더십에 비해 화려하지 않고 눈에 잘 띄지도 않기 때문에 무시되기도 하지만 이것이야말로 리더가 하고자 하는 일을 가장 잘 수행하도록 한다. 노자는 『도덕경』에서 훌륭한 리더에 대해 다음과 같이 이야기하고 있다. "사람들이 그의 존재를 거의 의식하지 않는다면 그가 가장 훌륭한 지도자이다. 그가 자신의 임무를 다 마치고 목적을 달성할 때, 그를 따르던 사람들은 이렇게 말할 것이다. '우리 스스로 해냈어!'"

사람들이 어떤 목표를 달성할 때 자신이 해냈다는 생각을 갖게 하는 것은 정말 중요하다. 자발적이고 자주적인 태도를 만들어줌으로써 앞으로 더 큰일을 할 수 있는 기반을 조성해줄 수 있는 것이다. 노자는 도가의 대표적인 학자로서 이처럼 리더들의 감성적인 면을 강조했다. 그래서 그는 "물이 낮은 곳으로 흘러 큰 바다를 이루듯이 큰 재능이 있지만 자신을 낮추는 겸손한 리더들이 큰일을 이룰 수 있다"고 말하기도 했다. 리더십에 관한 최근의 연구에서도 이런 관점은 동일하게 보여진다. 하버드, 스탠퍼드 대학의 연구진들은 리더십에 대해 다음과 같은 새로운 정의를 내리고 있다. "리더십이란 소수의 사람들이 발휘할 수 있는 위대한 어떤 것이 아니라, 평범한 중간 리더들이 하루하루의 일상에서 발휘하고 있는 소박하지만 헌신적인 노력이 본질이며 그것이 진정으로 탁월한 성과를 이어나가는 원동력이다."

반면 『한비자』에서는 인간을 이기적인 존재로 보는 인생관을 기반으로 하는 카리스마적인 리더십을 알려준다. 극도의 이성적인 관점으로 위기의 상황을 돌파해나가는 리더십이라고 할 수 있다. 비록 선하지 않은 인간의 본성을 간파하고 있지만, 그 내면을 보면 난세에 부국강병을 이루어 도탄에 빠진 백성들이 더 이상 어려움을 겪게 하지 않으려는 의도가 숨어 있다. 비인간적이라고 비난받을 수도 있지만 위기 상황에서는 가장 효율적인 리더십인 것이다.

공자는 리더십에 대해서도 중용적인 입장을 취해 감성과 이성이 조화를 이루는 이상적인 리더의 모습을 보여주고 있다. 『논어』에는

'군자불기(君子不器)'라는 유명한 말이 있다. 직역을 하면 '군자는 그릇이 아니다'라는 뜻인데, 군자는 어느 한 가지 일에만 능력을 발휘하는 전문가가 아니라 전문성과 함께 폭넓은 지식도 갖춘 교양인이 되어야 한다는 말이다. 이 말을 두고 독일의 사회학자 막스 베버는 '전문성도 직업관도 없는 동양의 비합리적인 사고를 보여준다'고 폄하하기도 했지만, 공자가 주장하는 이 모습은 지금 현대사회가 요구하는 리더상에 가장 일치하는 모습이라고 할 수 있다.

『논어』의 맨 앞에 나오는 다음의 글도 바람직한 리더의 조건을 잘 보여주고 있다.

"배우고 때때로 그것을 익히면 또한 기쁘지 않은가? 벗이 먼 곳에서 찾아오니 또한 즐겁지 아니한가? 남이 알아주지 않아도 성내지 않는다면 또한 군자답지 아니한가?"

우리에게 잘 알려진 글로 많은 학자들이 다양하게 그 뜻을 해석하고 있는 문장이기도 하지만, 여기서는 리더십의 관점에서 생각해보기로 하자. 이 글에서 우리는 감성과 이성적인 능력을 겸비한 바람직한 리더의 모습을 볼 수 있다.

먼저 학습의 권유이다. 리더들은 끊임없이 배움을 통해 자신을 혁신해나가야 한다. 그것도 단순한 의무가 아니라 기쁜 마음으로 행해야 한다. 서울대 김광웅 교수는 자신의 책 『서울대 리더십 강의』에서 우리나라 리더들이 갖추지 못한 것의 하나로 '공부하는 지적인 삶에 익숙하지 않은 것'을 들었다. 학교에서는 열심히 공부해 사회적으로 성공하는 자리에 올라설 수 있었지만, 리더가 된 후에는 시간이 없어서 책을 들여다보고 공부할 여건을 갖지 못한다는 것이다. 하지만 리더들에게는 어떤 상황에서도 '즐겁게 공부하는 지적인 삶'이 꼭 필요하다. 새로운 첨단지식으로 무장한 부하들을 성공적으로 이끌고, 또 전체 조직을 공부하는 분위기로 이끌려면 리더 자신이 먼저 공부하는 자세를 보여야 하는 것이다.

그 다음은 소통의 능력이다. 멀리서 벗이 찾아온다는 것은 그만큼 사람들 간의 관계를 소중히 여기고 이어가고 있다는 것을 말한다. 이런 소통을 통해 사람들은 서로 공감하고 함께 새로운 일을 도모할 수 있다. 만약 기업을 비롯한 조직을 다스리는 사람들에게 부하들이 자유롭게 찾아와 의견을 말할 수 없다면 그는 닫힌 리더이다. 그는 선도하고 지시하는 리더가 될 수 있을지언정 사람들과 꿈을 공유하는 민주형, 전망제시형 리더가 되기는 어렵다.

마지막으로 겸손함이다. 탁월한 능력과 뛰어난 실적을 이루었지만 나를 내세우지 않는 자세는 부하들의 존경과 함께 모두의 힘을 한군데로 결집하는 결과를 만들 수 있다.

그리고 결론적으로 이 모든 것을 즐겁고 기쁜 마음으로 해야 한다고 권면하고 있다. 이것이 바로 유머와 여유가 넘치는 리더의 모습이다. 공자는 이성과 감성이 절묘하게 조화된 '통합형 리더'의 모범을 제시하고 있는 것이다.

기업을 이끄는 감성 리더십

현대의 감성 리더들은 자신은 물론 조직에 대해서도 개방적이고 통합적이어야 한다. 막혀 있는 벽을 허물고 경계를 넘어 도전해야 하는 것이다. 요즘은 글로벌 시대인 만큼 각 기업의 직원들 역시 다양한 문화를 가진 사람들이 혼합되어 있다. 이런 다양성은 창의력 있는 조직문화를 만드는 데 큰 힘을 발휘하지만, 기업을 이끄는 리더들에게는 이들을 조화롭게 이끌어야 하는 의무가 생기게 된다. 이들의 다양성이 조직의 약점이 되는 것이 아니라 이 다양성을 통해 최대한의 효율을 거둘 수 있어야 치열한 글로벌 경쟁에서 승리하는 기업이 될 수 있다. 개인도 마찬가지지만 조직도 다양성이 뒷받침될 때 가장 창의적이 된다. 현대 기업 중 다양성을 가장 추구하는 기업으로 손꼽히는 구글은 애초에 사람을 뽑을 때부터 인종, 취미, 재능, 기술 등 배경이 서로 다른 사람들을 뽑는다. 대졸 신입사원은 물론 운동선수, 산악인, 과학자, 의사 등도 채용한다. 이런 다양한 사람들이 모임으로써 훨씬 더 많은 아이디어와 에너지를 창조하는 것이다. 이처럼 사원들의 채용에서부터 개방적으로 접근해 인재들을 차별 없이 뽑아야 능력 있는 인재들을 모을 수 있다. 조직의 이런 다양하고 개방적인 분위기를 만드는 것 역시 리더의 몫이다.

그와 함께 부서들 간에 높이 쌓여진 벽, 즉 사일로를 허무는 것 역시 리더들이 해야 할 일이다. "지식노동을 할 때는 개인보다 팀이 일의 단위가 된다"라고 말한 피터 드러커의 말처럼 전문성이 강한 만

큰 개성도 강한 이들을 잘 조화시켜 이끌어나가는 능력이 리더에게 꼭 필요한 덕목인 것이다.

지금부터 이야기하는 리더들은 모두 기업을 이끄는 리더들이다. 이들은 위기에 빠져 있던 기업을 일으키고 새로운 기업을 만들고 세계적인 혁신 기업을 만드는 데 뛰어난 감성역량을 발휘했다. 꼭 기업가가 아니라 어떤 조직을 이끄는 리더도, 혹은 미래의 리더를 꿈꾸는 사람들도 이들의 리더십을 몸에 갖춘다면 큰 힘을 발휘할 수 있을 것이다.

1) 동등한 기회를 부여하는 리더십

요즘 우리나라 기업에도 고졸 사원 채용열기가 서서히 살아나고 있다. 도저히 해결의 기미가 보이지 않는 청년 실업의 대안의 하나로 시행되는 이 제도가 단기적인 유행에 그치지 않았으면 좋겠다는 바람을 가져본다. 실제로 이런 제도는 단기적인 효과보다는 장기적인 결과가 중요하다. 고졸 출신으로서 기업에서 성공하고 사회적으로도 성공하는 인재들이 양성됨으로써 대학을 가지 않고도 성공할 수 있다는 사회적인 분위기가 조성되어야 하는 것이다.

회사를 비롯하여 어떤 조직이라도 그 근간은 바로 사람이다. 특히 요즘은 훌륭한 인재를 다른 회사보다 얼마나 많이 확보할 수 있는지가 회사 발전에 가장 핵심적인 요소가 되었다. 애플을 비롯하여 구글, 마이크로소프트사, 삼성전자, LG전자 등 최첨단 기업들 간의 인재확보 경쟁은 전쟁을 방불케 할 정도이다. 기업이 성공하기 위해서는 사람이 모일 수 있어야 하고, 또 사람을 존중하는 풍토가 만들어져야 한다. 이것은 단순히 좋은 급여와 근무조건으로 해결될 수 있는 것은 아니다. 사람을 존중하고 사람이 제일 소중하다는 회사의 철학과 리더의 마음가짐이 사람을 모을 수 있는 가장 기본적인 요건이다. 그리고 직원들이 학벌이나 출신, 인맥 등에 의해 제한되지 않고 자기의 능력을 발휘할 수 있는 기회를 가져야 한다. 자신의 역량을 최대한 발휘할 수 있도록 자기계발을 하는 데 필요한 지원을 누릴 수 있는 여건도 조성되어야 한다. 이런 여건을 통해 사람들은 감성적으로 하나가 될 수 있고, 그럼으로써 행동하게 되고 변화하게 된다.

세계적인 운송 서비스업체 페덱스에는 말단 직원으로 입사해 최고경영자가 된 성공신화가 수두룩하다. 사무직뿐 아니라 비정규직 배달 직원에게도 말 그대로 기회가 공평하게 주어진다. 지난 2007년 1월 페덱스 육송부문 최고 책임자가 된 데이비드 레브홀츠는 1976년 밀워키 지점에서 차를 닦고 물건을 나르는 비정규직 사원으로 출발했다. 2004년 〈포춘〉지 선정 미국 최고의 경영자로 뽑힌 페덱스 익스프레스 최고 경영자 데이비드 브론젝 역시 1976년 배달 직원으로 입사한 사람이다. 페덱스의 인사총괄 담당 주디 에지 부사장 역시 고등학교 졸업 후 스물한 살에 페덱스의 고객 상담 콜센터 직원으로 입사했지만 회사를 다니면서 대학과 대학원을 졸업하고 현재의 위치에 올랐다. 물론 이런 성공을 이룬 사람들은 성공에 대한 열망과 노력이 뒤따른 사람들이다. 하지만 이런 사람들을 키우고 숨어 있는 인재를 찾고자 하는 회사의 노력이 없었다면 수많은 잠재적 미래 인재들은 그 과정에서 탈락하고 말았을 것이다. 이런 일이 가능한 것은 외부직원을 스카우트하기보다는 내부 직원에게 충분한 교육과 승진의 기회를 부여하는 페덱스의 PSP(People, Service, Profit) 정책 때문이다.

지금 우리나라에도 꼭 필요한 것이 바로 이와 같은 기업철학이다. 모든 직원들에게 동등한 기회를 부여하고, 그들을 인재로 만들어가는 회사의 책무가 지켜지는 기업은 놀라운 성장이 기다리고 있는 것이다. "직원들을 가장 먼저 고려할 때, 고객에 대한 서비스의 질이 높아지고 회사가 이윤을 많이 남길 수 있다"는 페덱스 창업자 프레드릭 스미스의 기업철학을 함께 새겨보아야 할 시점이다.

2) 벽을 허무는 리더십

구글의 두 창업자 세르게이 브린과 래리 페이지는 1998년 3월 그 당시 최고의 검색엔진 기업인 알타비스타에 자신들의 기술을 100만 달러에 구입할 것을 제안한다. 하지만 알타비스타의 임원들은 자신들이 개발하지 않은 기술에 대한 폐쇄성으로 그 제안을 거절하고 만다. 일생일대의 사업을 싼값에 가질 수 있는 기회를 차버린 것이다.

새로운 사업 기회를 얻기 위해서는 개방적인 태도가 필수적이다.

결합할 요소들을 자신들의 조직이나 기업 내부에서만 찾는다면 탐색의 결과는 한정적이 될 수밖에 없다. 그 당시 알타비스타의 임원들이 보인 태도는 NIH(Not Invented Here), 즉 자신들이 만들지 않은 기술을 쉽게 받아들일 수 없다는 폐쇄적인 사고방식에 연유한다. 지나친 자부심으로 마음의 문을 닫아버린 결과인 것이다. 이런 폐쇄적인 태도는 일생일대의 기회를 놓치게 하기도 하고, 몸담고 있는 기업이나 조직의 위기를 초래하기도 한다. 그 당시 첨단 IT기업으로 이름을 높이던 알타비스타는 이제 그 명맥을 유지하고 있는지도 궁금해지는 이름 없는 기업이 되고 말았다.

그리고 이것은 기업 내부도 마찬가지다. 사일로식 사고에서 볼 수 있듯이 많은 회사에서 각 부문별로 모두 높은 벽을 쌓고 안주하고 있는 경우가 많다. 이런 태도가 기업 발전의 큰 저해요인이라는 것은 누구나 짐작할 수 있을 것이다. 이런 벽을 허무는 역할이 바로 기업을 이끄는 리더의 몫이다. 이제 탁월한 인재들은 다양한 분야, 다양한 능력을 가진 인재들과 연결하고, 자신이 가진 기술을 다른 뛰어난 기술들과 연결할 수 있어야 한다. 그리고 개방적인 사고로 유추하고 새로운 것을 만들어나가야 한다. 탁월함을 꿈꾸는 리더는 자신이 이끌고 있는 기업의 상황을 정확하게 파악하고 각 부서 간에 높이 쌓여 있는 벽이 있다면 그것을 허무는 역할을 해야 한다. 그것을 위해서는 리더 자신이 먼저 마음을 열고 개방적으로 세상을 바라보는 능력을 가져야 한다. 그리고 눈앞의 수많은 정보와 자료들에서 새로운 미래의 비전을 볼 수 있는 통찰력과 직감을 키우기 위해 노력해야 한다.

1994년 위기에 처한 닛산의 CEO로 취임한 카를로스 곤은 글로벌 시대의 대표적인 인물이다. 레바논계 브라질 국적의 아버지와 레바논계 프랑스 국적의 어머니 사이에서 태어난 그는 레바논에서 프랑스 학교를 다녔고 대학은 프랑스에서 마쳤다. 프랑스어, 영어, 아랍어, 포르투갈어, 스페인어, 이탈리아어, 일본어를 유창하게 구사하는 그에게 사람들이 당신의 조국이 어디냐고 묻자 "지금 살고 있는 곳이 나의 조국입니다"라고 대답했다고 한다.

그가 부임해서 가장 먼저 파악한 닛산의 문제는 바로 책임의식의 결여였다. 회사는 극도의 어려움에 처해 있는데도 책임을 지는 사람은 아무도 없고 각 부서들은 서로 비난하기에 바쁜 모습이었다. 그는 먼저 회사의 낡은 방식과 관습을 바꾸기 위해 부문과 직무의 벽을 넘어 한곳에 모이도록 하는 조치가 가장 중요하다고 생각했다. 그래서 만든 것이 크로스 펑셔널(Cross Functional) 팀이다. 프로젝트 중심으로 다양한 관련 부서의 인원들을 차출하여 구성한 팀으로 이 팀을 통해 그는 부서의 장벽을 넘어 뛰어난 인재를 고루 기용함으로써 위기에 빠진 회사를 구하는 역할을 잘 해내었다는 평가를 받는다. 그는 자서전 『르네상스』에서 "이 발상이 어디에서 나왔는지 정확히 알 수는 없지만 적어도 학교 교과서에서 배우지는 않았다"라고 말한다.

3) 경계를 넘어 도전하는 리더십

현대 비즈니스계에서 가장 다양하고 광범위한 사업 분야에서 성공을 거둔 사람을 들자면 버진 그룹의 리처드 브랜슨 회장을 들 수 있다. 그가 이끄는 버진 그룹은 현재 30여 개국에 200여 개의 회사를 두고 항공, 모바일, 음악, 은행 등 다양한 분야에서 사업을 펼치고 있다. 그를 한마디로 이야기하면 비즈니스계의 버서타일리스트라고 할 수 있을 것이다. 이러한 사업 성공의 원천은 기존의 것에 새로운 아이디어를 연결해 새로운 사업을 구상하는 그의 감성능력에 있다. 과학자나 예술가들이 기존의 패턴에 새로운 아이디어를 입혀 발명과 창작을 하는 능력이 있다면 그는 사업을 만들어내는 능력이 탁월한 것이다. 난독증으로 고등학교를 중퇴하고 논리적, 분석적 사고력이 부족해 재무제표를 이해하지도 못하지만 그는 직관적 창조력으로 다양한 사업을 일구어내는 데 성공한다. 한편 타고난 도전정신으로 그는 많은 이야깃거리를 만들어내기도 한다. 목숨을 건 기구여행을 즐기는가 하면, 버진 콜라의 광고를 위해 직접 탱크를 몰고 뉴욕 타임스퀘어에 들어가 코카콜라 광고판을 향해 대포를 쏘는 퍼포먼스를 하기도 했다. 그는 구글과 함께 100년 내에 화성에 사람을 거주시키겠다는 공동 계획을 세워 추진 중이기도 하다.

그는 자신이 창업한 버진 음반이 최고의 전성기를 구가하던 1984년 대서양 항로를 운항하는 버진 항공을 창립한다. 랜돌프 필드라는 미국 변호사의 제안을 듣고 그가 한 일은 단 두 통의 전화였다. 추후

사업의 경쟁자가 될 피플 익스프레스의 예약 사무실에 전화를 했지만 주말 내내 통화를 못한 그는 그 회사의 고객관리가 엉망이거나 아니면 그 회사의 능력이 고객 규모를 따르지 못한다는 판단을 한다. 그리고 보잉사에 전화해 1년간 점보제트기를 임대할 수 있는지를 문의해서 동의를 얻는다. 그 다음 동업자의 격렬한 반대를 무릅쓰고 일을 추진해, 6개월 후 버진 애틀란틱 항공을 런던-뉴욕 노선에 취항시킨다. 어떻게 보면 경솔하고 너무 직관적이라고 할 수도 있지만 무작정 새로운 사업을 시작한 것이 아니라 하고 있던 음악 사업의 본질에 비추어 항공 사업의 가치를 직관적으로 판단했던 것이다.

작가 더그 홀은 "모험정신은 창조의 엔진이다. 그것은 상상력을 일깨우고, 아드레날린을 솟구치게 하고, 일을 해보려는 의욕을 부추긴다"라고 말했다. 탁월한 다양성과 제한 없는 사고, 그리고 모험과 도전 정신이 미래를 만든다.

4) 오직 사람의 감성 리더십

아버지의 회사에서 영업을 하다가 연극에 미쳐서 퇴직금 한 푼 받지 못하고 쫓겨난 사람이 있었다. 그는 함께 연극하던 동료 두 명과 자본금 5백만 원의 전기설비자재 회사를 차린다. 그 회사의 경쟁 상대는 대기업 마쓰시타 전공이었다. 어렵게 첫 제품을 생산하고 전 직장에서의 인맥들을 동원해 판매에 나섰지만 매출부진으로 초기에는 여직원의 봉급도 줄 수 없을 정도였다.

다행히 새로운 아이디어 상품이었던 첫 제품의 반응이 점점 좋아져 회사는 서서히 성장하기 시작한다. 그런데 연극과 영업 외에는 아무 경험도 없던 사장은 점점 더 이상한 일들을 벌인다. 인감과 통장은 창업 초기부터 여직원에게 맡겨 한 번도 들여다본 적이 없었고, 연필을 굴리거나 직원의 이름을 적은 종이를 선풍기에 날려서 떨어지는 순서대로 직원을 승진시키기도 했다. 매상을 올려도 올리지 않아도 똑같은 월급을 지불해, 실적이 좋은 사람이 불만을 말하자 "그럼 자네도 매상을 높이려는 노력을 하지 말게나"라고 대답한다. 자회사를 설립해 사장을 뽑을 때도 유일하게 손을 든 말단 직원에게 맡긴다. 현대의 모든 경영학 이론과 뛰어난 석학들의 전술, 전략이 이 회사에서는 전혀 의미가 없다. 과연 이 회사가 존속할 수 있을까?

그러나 이 회사는 대기업 마쓰시타를 누르고 업계 1위가 되었고 경상이익률 15%, 매출액 2,500억 원, 직원 800명의 상장기업이 되었다(2004년 기준). 그리고 일본에서 아니 전 세계적으로 유래가 없을 정도인 유토피아 기업, 샐러리맨의 천국과 같은 기업이 되었다. 그 회사는 미라이공업이고 사장의 이름은 야마다 아키오이다. 미라이공업의 근무 조건은 다음과 같다.

정년은 70세, 근무시간은 하루 7시간 15분, 전 직원 정규직에 종신 고용, 휴가는 연간 140일에 개인 휴가는 별도, 잔업과 휴일 근무, 정리 해고 없음, 육아 휴직 3년, 5년마다 전 직원 해외여행, 직원들의 업무량은 스스로 결정, 승진은 철저한 연공서열, 그리고 월급은 대기업 수준이다.

　마치 만화나 연극 속의 한 장면 같지만 회사는 창업 이래 계속 성장해왔다. 이 회사를 이끌면서 야마다 사장이 결코 포기하지 않는 것이 두 가지가 있다. 첫째는 항상 일본 최초의 아이디어 상품만을 만든다는 것이다. 그래서 회사의 슬로건도 "항상 생각하라"이다. 창업 이래 총 2,300건(2004년 기준)의 공업소유권을 등록했고, 아이디어 장려를 위해 아무리 바보 같은 제안이라도 한 건당 무조건 5,000원씩의 장려금을 사원들에게 지급한다.

　두 번째는 무조건 사원이 좋아하는 일을 한다는 것이다. 경영의 근본은 '사람, 물건, 돈'이라고 하지만 미라이공업에는 오직 '사람'만 있다. 사원들의 의욕을 가장 중요하게 여기며 사원들에게 '자주성'과 '주도적 자각'을 요구하고 있다. '자주성'과 '주도적 자각'이 있는 사원들은 어떻게 해서라도 자신이 맡은 일을 이루려고 한다는 것이다.

　야마다 사장의 어록에는 많은 것이 있지만 두 가지만 소개하자.

　"인간은 말이 아니기에 당근과 채찍의 조화는 필요 없다. 오직 당근만이 필요할 뿐."

　"어디든 있는 것은 안 된다. 없는 것을 생각해야 한다."

제7장
미래 인재를 위한 3가지 감성능력

- 매혹시켜 끌어당기는 감성, 디자인 감각을 키워라
- 소통하는 감성, 스토리를 만들어라
- 창의력을 만드는 감성, 놀이 감각과 유머능력을 키워라

매혹시켜 끌어당기는 감성, 디자인 감각을 키워라

지금은 최첨단 디자인 기업으로 인정받고 있는 삼성전자이지만 지금으로부터 약 20여 년 전만 해도 삼성에는 디자인 개념이 거의 없었다. 회사의 모든 역량을 품질과 기술에 집중하면서 디자인은 단순히 기술을 보완하는 한 가지 요소, 제품을 예쁘게 보이는 역할을 하는 것으로 인식되었다. 회사의 경영진조차 디자인은 패션에서만 중요한 것으로 인식하고 있을 정도였다. 국내에서는 첨단 기업이었던 삼성이 그랬으니 다른 분야나 일반의 인식은 거의 전무했다고 해도 과언이 아니었을 것이다.

디자인은 흔히 두 가지 역할을 하는 것으로 인식되고 있다. 하나는 제품을 아름답게 만드는 시각적인 요소이고 또 하나는 소비자들의 니즈와 욕구를 충족시켜 주는 역할이다. 제품을 아름답게 만드는 것은 제품의 외관을 만드는 역할로 "추한 것은 팔리지 않는다"고 말한 프랑스 태생의 미국 디자이너 레이먼드 로위의 철학에 그 기반을 둔다. 두 번째 역할은 아름다움과 함께 새로운 가치를 소비자에게 제공하는 것이다. 싸고 정확한 전자시계의 이미지에 패션이라는 감성 이미지를 입히는 데 성공한 스와치시계나 MP3 시장 초기에 세계의 젊은이들을 열광케 한 아이리버의 제품들이 바로 그것이다. 또한 BMW, 구치, 아르마니 등 소유하고 있는 것이 자신의 가치를 말해주는 명품 브랜드들이 모두 그것이다. 이런 창의적이고 혁신적인 제품의 등장에 힘입어 요즘은 디자인의 개념도 아주 폭넓게 해석되고 있다. 이를테면 다양한 분야에 디자인이라는 이름을 붙여 창의적, 혁신적이라는 이미지를 차용해오는 것이다. 여러 광고나 홍보 캠페인 등에서 다음과 같은 문구들을 본 적이 있을 것이다.

"당신의 하루를 디자인하라."

"금융을 디자인하라."

"생활을 디자인하라."

이런 문구들은 이제는 디자인이 그동안 알고 있던 좁은 의미의 개념이 아니라 어떤 분야에서도 활용될 수 있는 크로스오버의 역할을 하고 있다는 것을 알려준다. 그래서 서울시는 '디자인 서울'이라는 기치를 내걸고 아름다운 첨단 도시를 만들기 위해 노력하기도 했고, 패션 디자이너 앙드레 김은 도자기, 안경, 조명, 냉장고, 에어컨 등의 제품뿐만 아니라 건축분야인 아파트의 실내 디자인에 참여하기도 했다.

이제 디자인은 미적 소구나 소비자들의 욕구를 충족시키는 단계를 넘어 통합적 기능을 충족시켜야 한다. 유저 인터페이스 디자인을 통해 사용편의성을 제고하는 것은 물론 기술적인 측면에서의 소비자 효율과 감성을 자극하는 역할도 디자인의 몫이라고 할 수 있다. 또한 기업의 핵심 철학과 의미는 물론 기업이 소비자에게 전달하고자 하는 모든 것이 디자인을 통해 표현되어야 하는 것이다. 『논어』 「옹야」 편에 보면 다음과 같은 이야기가 있다. "바탕이 겉모습을 넘어서면 거칠어지고, 겉모습이 바탕을 넘어서면 형식적이 된다." 이것을 제품에 적용하면 겉모습은 디자인이라고 할 수 있고, 바탕은 제품의 기능과 효용, 그리고 기술력이라고 할 수 있을 것이다. 최고의 제품이 되기 위해서는 이 두 가지 모두가 갖추어져야 한다. 예전에는 디자인은 제품의 외양만 꾸미는 것으로 인식되었다. 하지만 이제는 제품의 본질인 기능과 겉모습인 외양의 조화를 이루는 통합적인 역할을 함으로써 최고의 제품을 만들기 위한 중추적인 역할을 하고 있는 것이다.

최근 들어 첨단 기업을 중심으로 새로운 디자인의 개념이 나타나고 있다. 소비자가 전혀 그 존재를 상상조차 하지 못하는 미래 제품을 만드는 데도 디자인이 중요한 역할을 하고 있는 것이다. 실제로 애플이나 삼성과 같은 최첨단 기업은 소비자의 의견을 묻고 그들의 욕구를 충족하는 제품이 아니라 소비자를 이끌어가는 제품을 만든다. 애플의 아이팟이나 아이폰을 비롯해 닌텐도의 위(wii)와 같은 혁신적인 제품이 모두 그런 제품이다. 소비자들은 휴대용 음향기기에서 직접 자신이 원하는 음악을 구입하는 것도, 컴퓨터가 휴대폰의 크기로 축소되어 휴대폰과 컴퓨터의 기능을 함께 구현하는 것도, 심지어 휴대폰과 사용자가 마치 서로 친구인 것처럼 대화를 나누는 것도 그전에는 상상하기가 어려웠을 것이다. 이런 상황에서 소비자들은 자신이 어떤 욕구를 가지는지 알 수가 없다.

닌텐도가 위를 처음 소개할 때 그곳에 참석한 사람들의 반응은 열광이나 거부가 아닌 '멍'한 반응이었다고 한다. 또한 소니가 세계적인 히트 상품 워크맨을 출시하기 전 시장조사를 했을 때 사람들은 "누가 오디오를 들고 다니면서 듣겠냐?"며 비웃었다고 한다. 스티브 잡스는 새로운 제품을 만들 때 시장조사를 하지 않았다. 애플의 베테랑 사원이며 마케팅 담당 임원을 역임한 마이크 머레이는 이것을 두고 "스티브는 매일 아침 거울에 비친 자신을 보고 시장조사를 했다"고 말한다. 세상에 아직 없는 제품을 만드는 것을 중시하는 잡스는 아이팟을 두고 이렇게 말한다. "이만큼 복잡한 제품의 경우 포커스 그룹(시장조사기업)을 바탕으로 설계하기는 매우 어렵습니다. 사람은 직접 보기 전끼지는 자신이 무엇을 원하는지 알지 못할 때가 많기 때문입니다."

스티브 잡스의 디자인, 이건희의 디자인

애플의 디자인 책임자 조나단 아이브는 "스티브 잡스가 나의 아이디어를 자신의 것처럼 이야기할 때마다 큰 상처를 받았다"라고 스티브 잡스의 전기 작가 아이작슨과의 인터뷰에서 말했다. 물론 애플 초기부터 스티브 잡스와 함께 일하며 애플의 모든 제품을 개발하는 데 참여한 그의 재능은 이미 세계 최고 디자이너의 명성을 누리고 있다. 영국인인 그는 2008년도 『해리 포터』의 작가 J. K. 롤링을 제치고 영국에서 가장 영향력 있는 인물로 뽑히기도 했으니 비록 스티브 잡스에 가려지기는 했지만 디자이너로서 누릴 수 있는 영광은 다 누렸다고도 할 수 있을 것이다. 아이브는 잡스가 가장 신뢰하는 인재로 잡스는 그를 정신적인 동반자로 여겼다. 스티브 잡스가 생각하고 계획한 모든 것을 가장 잘 구현하는 그가 디자인한 제품은 언제나 시장을 휩쓸었고, 판도를 뒤바꾸었다. 그가 있음으로 해서 스티브 잡스는 비로소 완성될 수 있었다고 해도 과언이 아닐 것이다.

아이브의 불만을 사기는 했지만 스티브 잡스는 다른 기업의 경영자들과는 다른 면모를 보인다. 현재 세계 최고를 위해 경쟁하는 기업의 최고 경영자들은 모두 디자인의 힘을 절감하고 회사의 모든 역량을 집중하고 있다. 애플도 마찬가지고 삼성, LG, 노키아 등도 모두 마찬가지다. 하지만 디자인에 관심을 갖지만 스티브 잡스와 같이 직접 그 과정에 참여하는 최고 경영자는 없다. 타고난 직관과 디자인에 대한 확고한 철학 없이 제품 디자인에 직접 의견을 말한다는 것은 제품을 죽이는 것과 다름없는 일이라는 것을 잘 알고 있는 것이다. 하지만 스티브 잡스는 다르다. 그는 애플을 대표하는 인물이기도 했지만, 특유의 창의력 넘치는 직관으로 제품 하나하나에 직접 관여했다. 그렇기 때문에 애플의 제품 모두가 자신의 창작물, 즉 자식과 같은 존재라고 해도 과언이 아닌 것이다. 물론 스티브 잡스가 직접 디자인 시트를 그리거나 세부적인 디자인 작업에 관여한 것은 아니다. 그는 디자이너들의 작업에 영감을 불어넣어 주는 역할을 했다.

아이팟 개발 초기의 일이다. 스티브 잡스는 처음에는 2~3주에 한 번씩, 첫 번째 시제품이 나온 후에는 매일 개발회의에 참석했다고 한다. 그리고 이 무렵 잡스는 버튼을 세 개를 눌렀는데도 음악이 나오지 않으면 미친 사람처럼 화를 냈다고 한다. 또한 사용자의 인터페이스부터 스크롤 휠의 크기까지 세세한 것 하나하나에 모두 신경을 썼다고 한다. 그는 개발회의를 통해 참여하는 사람들이 그 제품에 대한 의미와 비전을 공유하고 있다는 확신을 얻고자 한 것이다. 심지어 매킨토시나 아이맥 컴퓨터의 보이지 않는 선까지도 매끈하게 예술적으로 정돈하기를 요구하는 등 눈에 보이지 않는 사소한 특징까지 직접 관여하기도 했다. 그리고 그는 자신의 제품이 나올 때마다 예술품을 창조한 것으로 인식했다. 1982년 매킨토시가 완성되었을 때의 일이다. 잡스는 "예술가는 자신의 작품에 사인을 하는 법"이라며 멤버 전원에게 종이 위에 사인을 하게 한 다음, 그것을 매킨토시의 케이스 안쪽에 인쇄하기도 했다. 그리고 제품이 나올 때마다 직접 무대에 올라 화려한 프레젠테이션 테크닉을 발휘하며 그 제품을 소개했다. 이것은 그가 직접 제품과 디자인 개발에 참여하지 않았으면 결코 할 수 없는 일이다.

이제 우리에게 좀 더 친근한 기업, 하지만 애플보다도 잘 알지 못하는 기업인 삼성의 이건희 회장에 대해 이야기해보자. 삼성은 세계적인 디자인 대상을 연거푸 수상한 디자인 기업이지만 그동안 애플과 스티브 잡스라는 걸출한 인물에 밀려 그 진가를 인정받지 못했던 것도 사실이다. 삼성의 디자인 경영도 이건희 회장으로부터 시작해서 그로 끝난다. 이건희 회장은 1996년 신년사에서 "21세기 기업 경영에 있어서는 디자인과 같은 소프트웨어 경쟁력이 최대의 승부처가 된다"고 하면서 그룹의 역량을 모을 것을 주문했다. 사람들은 이때가 삼성의 디자인 혁명이 시작된 순간으로 알고 있으나 사실은 이미 2년 전인 1994년 이건희 회장의 디자인 기업을 위한 준비는 시작되고 있었다. 그는 캘리포니아 파사데나에 있는 아트센터 디자인 대학에서 두 명의 최고 디자이너, 고든 브루스와 제임스 미호를 스카우트해서 디자인 연구소를 세운다. 그리고 회사의 각 부문에 흩어져 있던 디자인 부문을 한 군데로 합쳐 통합 디자인을 강력하게 추진한다.

이후 이건희 회장은 2005년 이탈리아 밀라노에서 다시 한 번 제2의 디자인 혁명을 강하게 주문했다. 세계적인 명품 디자인의 산

실인 상징적인 장소에서 최고경영자의 이와 같은 주문이 있자 강력한 조직력을 가진 삼성은 힘을 결집하여 놀라운 결과를 만들어낸다. 그 이듬해부터 삼성전자는 보르도 LCD TV(2006년), 크리스털 로즈 LED TV(2008년) 등 디자인으로 세계인의 감성을 사로잡은 히트작들을 줄줄이 쏟아낸다.

이상의 이야기에서 보면 삼성의 이건희 회장은 스티브 잡스와는 좀 다른 통찰력을 가졌다는 것을 알 수 있다. 그는 직접 디자인을 개발하는 직감보다는 앞날을 내다보는 통찰력을 가지고 있었다. 앞으로 디자인이 미래 시장에서 어떤 역할을 할지, 미래 비즈니스에서 앞서가려면 어떤 행보를 취해야 할지를 읽고 미리 대비한 것이다. 지난 1997년 6월 〈동아일보〉와의 인터뷰에서 그는 다음과 같이 말했다.

"몇 년 전 미국의 어느 경영학자가 쓴 글에서 '과거 기업들은 가격으로 경쟁했고 오늘날은 품질로 경쟁한다. 그러나 미래에는 디자인에 의해 기업의 성패가 좌우될 것이다'라는 내용을 읽고 매우 공감한 적이 있다. 한국의 문화가 되고 자기 회사의 철학이 반영된 디자인 개념을 정립하는 작업을 혁명 차원에서 전개해 나가야 한다. …… 또 개별제품의 디자인에 대해서는 전문가의 의견을 존중해 섣불리 간섭하지 않아야 한다. 10대들이 쓰는 용품의 디자인을 50대 경영자들이 평가하는 경우가 있는데, 이는 자칫 선무당이 사람 잡는 결과를 가져온다."

세계 IT기업의 두 거인은 디자인에 대해서 이렇게 다른 생각을 가진다. 하지만 그들은 자신의 제품에 대한 애착과 자부심은 결코 포기하지 않는 공통점을 가지고 있다. 그리고 최고의 제품을 만들기 위해서 끝까지 집요하게 밀어붙이는 행동을 취하는 것까지 흡사하다. 자신이 원하는 작품을 만들기 위해 스티브 잡스가 직원들을 얼마나 몰아붙였는지는 잘 알려진 일이다. 매킨토시 설계회의에서는 가지고 온 전화번호부를 던지면서 "이 크기로 만들게. 더 이상 커지는 것은 용납할 수 없네"라고 외쳐 직원들을 경악시키기도 하고(그 당시 가장 작은 컴퓨터의 절반밖에 되지 않는 크기), 잘 팔리는 제품이 아니라 '세상에 없는 제품'을 만들기 위해 끊임없이 자신과 직원들을 몰고 갔다. 이건희 회장 역시 휴대폰 개발 초기에 불량이 발생하자 공장 운동장에 제품을 쌓아두고 모두 불태워버린 유명한 일화가 있다.

이건희 회장의 디자인경영은 조직을 갖추는 데 집중하고 있다. 그는 자신이 직접 개발과정에 뛰어드는 대신 회사가 디자인의 중요성을 인식하고 디자이너들이 마음껏 재량을 펼칠 수 있는 조직을 갖추는 데 주력한다. 애플과는 달리 수많은 계열사로 구성된 삼성이라는 대그룹을 이끌어나가기 위해서는 개별 제품의 개발에 참여할 여건이 되지 않기 때문이다. 이건희 회장은 경영이라는 측면에서 디자인을 중추적인 기능으로 삼는 '디자인 경영'을 만들었다.

디자인 세상, 어떻게 살아남을 것인가

한국이 낳은 세계적인 디자이너 김영세는 "디자인은 이성과 감성의 조화"라고 말했다. 좌뇌를 사용하는 '이성'과 우뇌를 사용하는 '감성'이 50 : 50으로 조화되어야 훌륭한 디자인이 나올 수 있다는 말이다. 이것은 존 헤스킷의 "디자인은 '효용'과 '의미'의 결합으로, 양쪽 뇌를 사용하는 가장 대표적인 재능"이라는 말과도 일치한다. 따라서 디자인은 아무리 고도의 컴퓨터 시대가 되어도 자동화하기 어려운 재능이다. 예전에 디자인은 전공하는 사람의 전유물로 인식되었다. 하지만 디자인 기업들이 다른 기업에 비해 특별한 성공을 거두고, 기업을 운영하는 경영자뿐 아니라 모든 분야의 사람들에게 디자인 감각이 필수적인 감각으로 인식되면서 디자인에 대한 관심은 폭발적이 되었다.

김영세는 디자인은 인간과 인간의 교류에서 나온다고 하면서 그 본질은 바로 사랑이라고 한다. 디자인의 가장 필수적인 요소는 사람들의 '공감'이기 때문이다. 그는 자신의 책 『이매지너』에서 자신의 경험을 이야기한다. 그는 아내가 어떤 선물을 좋아할지 생각하면서 화장품케이스를 디자인했고, 딸을 위해서 소녀 시절의 꿈이 담길 수 있는 MP3를 구상했다는 것이다. 그러면서 그는 디자이너는 이매지너, 즉 미래를 꿈꾸고 생각하는 사람이라고 정의한다. 생각을 그리고 상상을 형상화해서 이 세상에 도움이 되는 그 무엇을 창조하는 사람이라는 것이다.

2005년 일본의 굿디자인(GD) 대상은 나노파스33이라는 제품이 받았다. 막강한 경쟁자였던 아이팟을 누르고 예상외의 수상을 한 이 제품은 주삿바늘인데 의학제품으로는 최초로 이 상을 받았다고 한다. 이 주삿바늘은 당뇨병으로 인해 인슐린 자가주사를 하는 사람들, 특히 어린이들의 고통을 덜어주기 위해 만들어진 제품이다. 이 사례는 디자인은 외적인 부분으로 평가하는 것이 아니라 인간적인 부분에 치중할 때 가장 가치가 있다는 것을 잘 보여주고 있다. 이 주삿바늘의 디자인은 한마디로 말하면 '바늘'이라는 자기 존재가 드러나지 않게 하는 것이다. 이것으로 미루어보면 디자인은 외양이나 형태가 아니라 관련된 지식을 통합해 문제를 해결할 수 있는 새로운 가치를 만들어내는 것이라고 할 수 있다.

  그러면 디자인을 전공하지 않은 사람들은 어떻게 디자인 감각을 키울 수 있을까? 이건희 회장은 디자인은 전문가에게 맡기고 섣불리 간섭해서는 안 된다고 했다. 물론 맞는 말이다. 하지만 그 말은 디자인 과정에서 세세한 부분까지 간섭하는 경영자들의 폐해를 지적한 것이지, 디자인 감각을 키우기 위한 노력이 굳이 필요 없다는 말이 아닌 것은 다들 이해할 것이다. 아트 딜러가 그림을 잘 그려야 하는 것이 아니고 평론가가 실제로 평론하는 그 분야에서 최고의 실력자가 아닌 것처럼, 경영자에게 필요한 덕목은 디자인을 직접 만드는 것이 아니라 보고 판단하는 능력이다. 하나하나 세세한 부분이 아니라 디자이너들이 보지 못하는 기업과 시장의 미래 전략에 기반을 둔 방향을 제시하는 역할이 필요한 것이다. 또한 경영자뿐 아니라 기업의 어떤 분야에 근무하든지 디자인 감각이 없으면 성공적으로 역할을 수행하기 어렵다. 전에는 기술이나 경영의 필요에 의해 디자인이 사용되었다면 이제는 디자인적 요소를 가장 먼저 고려해야 하는 시대가 된 것이다.

디자인 감각은 직접 그림을 그려보는 취미활동과 폭넓은 경험을 통해 얻을 수 있다. 역사상 위대한 창조자들은 모두 다양한 취미활동을 한 것으로 전해진다. 그중에서도 가장 활발했던 것은 바로 그림 그리기와 음악 등의 예술 활동이다. 과학자들은 말할 것도 없고, 음악가들은 그림을, 화가들은 음악을 취미로 했다고 한다. 슈만은 다음과 같이 이야기했다. "교양 있는 음악가라면 라파엘로의 마돈나 그림을 연구해야 하며, 화가라면 모차르트의 교향곡을 공부해야 한다. 그럼으로써 서로 똑같은 이점을 얻게 된다."

『새로운 미래가 온다』의 저자 대니얼 핑크는 자신의 경험을 통해 그림 그리기의 이점을 이야기한다. 그에 따르면 그림을 그리는 것은 디자인 감각을 키우는 목적도 있지만 사물의 관계를 읽는 조화 능력을 키우는 데에도 큰 역할을 한다. 그에게 그림을 가르친 미술선생의 "그림을 그리기 위해서는 '관계'를 살펴야 한다"는 말은 미술이 전체적 시각을 길러주는 훌륭한 교육임을 보여준다. 즉 '큰 그림'을 볼 수 있는 눈을 길러주는 것이다. 일상적이고 분석적인 지식을 필요로 하는 일들은 컴퓨터가 잘하는 분야다. 오직 사람만이 할 수 있는 일은 바로 '큰 그림'을 그리는 디자인인 것이다. 만약 그림 그리기에 취미가 없다면 그와 유사한 다른 취미도 얼마든지 가능하다. 이를테면 사진 찍기라든지 공예, 그리고 비디오 촬영 및 편집 등 미적 소양을 키울 수 있는 취미들은 모두 디자인 감각을 키우는 데 큰 도움이 된다.

디자인 감각을 키우는 또 한 가지 방법은 많이 경험하는 것이다. 여기서 많이 경험한다는 것은 많이 본다는 것을 의미한다. 미국의 심리학자 앨버트 매라비언은 사람들이 상대를 판단할 때 가장 많은 정보를 받아들이는 감각이 바로 시각이라고 한다. 언어를 통해서 7%, 청각은 38%인 반면에 시각을 통해서는 무려 55%의 정보를 받아들인다는 것이다. 인간의 학습은 시각이 87%, 청각이 7%, 그리고 미각·후각·촉각을 합쳐서 약 6%로 이루어진다는 교육심리학의 통계도 있다. 그만큼 시각을 통해 얻는 것은 많다. 예전에는 유명한 명화 등의 예술품을 보는 데 많은 어려움이 있었다. 하지만 요즘은 세계적인 작품들의 전시회도 꾸준히 열리고 있고, 다양한 출판물을 통해서 접할 수도 있다. 자신이 얼마나 관심을 가지고 노력하느냐에 따라 얼마든지 디자인 감각을 키울 수 있는 시대가 된 것이다.

또한 다양한 사람들과의 만남을 통해서 디자인 감각을 키울 수가 있다. 앞서가는 회사에서는 다양한 분야의 사람들을 한데 모아 디자인 부서를 통합적으로 만들어 이끌어간다. 이것은 개인이 디자인 감각을 키우는 데도 통하는 이야기이다. 회사 내외의 디자이너들은 물론, 다양한 분야에 종사하는 사람들과의 꾸준한 만남은 디자인 감각을 키우는 데 큰 도움이 된다. 전에는 디자인은 디자이너 고유의 역할이라고 여겼다. 하지만 이제는 달라졌다. 어떤 전공분야를 가지고 있든지, 어떤 직위에 있든지 디자인은 필수적인 분야가 되었다. 앞에서 스티브 잡스와 이건희의 예를 본 것처럼 남들보다 앞서 나가기 위해서는 남다른 디자인 감각이 필요한 것이다.

마지막으로 생활에서 자신의 디자인 감각을 구현하는 것이다. 그것은 바로 패션 감각을 키우는 것이다. 직장생활을 하거나 비즈니스를 할 때 그 성패를 좌우하는 것은 바로 첫인상이라고 할 수 있을 것이다. 처음 자신의 이미지를 어떻게 심어주느냐에 따라서 성공확률이 눈에 띄게 높아질 수 있다. 그리고 이런 첫인상을 결정하는 것은 외모이다. 아무리 내적인 가치를 소중히 여긴다고 외치더라도 실제로는 외적인 이미지에 영향을 받지 않을 수 없는 것이다. 패션 감각을 키우라고 해서 비싼 명품으로 몸을 감싸라는 이야기로 오해하는 사람은 없을 줄 믿는다. 가격에 관계없이 디자인 감각이 돋보이는 패션을 하고, 항상 청결하고 깔끔한 인상을 주고, 자신의 직업에 맞는 옷을 입는 것이 기본이다. 그리고 가장 중요한 것은 바로 건강, 즉 자기관리가 잘 되어 있는 모습을 보여주는 것이다. 아무리 유능하고 능력이 있어도 뚱뚱하고 배가 나와 있는 모습이라면 자기관리를 잘하는 사람이라는 인상을 주기는 어려울 것이다.

이런 디자인의 요구는 이제 기업이나 개인에 국한되는 것이 아니다. 영국의 마거릿 대처 전 수상은 영국의 경제위기극복을 위한 방안으로 디자인의 중요성을 꼽았다. 그는 '디자인하지 않으면 사임하라(Design or Resign)'를 외치며 국가적인 디자인 산업 육성을 진두지휘했다. 1980년대 대처 수상의 보수당 정권은 디자인에 목숨을 걸었다고 할 정도로 디자인을 강조했는데, 1982년도에는 수상 관저에서 제품 디자인 세미나를 열 정도였다고 한다. 이것을 통해 영국은 눈앞에 닥친 경제위기를 무난히 극복했다. 그 밖에 디자인을 통해 국가의 위기를 극복한 나라로는 이탈리아가 있다. 2차 세계대전 패전국의 참담한 상황에서 전 국가적으로 디자인에 주력한 결과 세계적인 명품브랜드의 국가로 독보적인 자리를 차지하게 된 것이다. 하지만 지금은 또 새로운 위기에 빠져 있다고 하니 어떤 나라도 방심해서는 결코 살아남지 못하는 세상이 된 것 같다.

소통하는 감성,
스토리를 만들어라

오늘날 성공적인 삶을 살기 위해서는 엄청난 양의 지식 가운데서 활용 가능한 지식을 골라내는 능력이 가장 필요하게 되었다. 한마디로 이야기하면 '구슬도 꿰어야 보배'라는 속담이 말해주는 그 핵심이다. 오늘날은 다양한 정보가 넘치는 세상이 되었다. 그리고 사람들은 노력만 한다면 얼마든지 자신에게 필요한 정보를 마음대로 찾아볼 수 있게 되었다. 그래서 이제는 정보의 양이 아니라 얼마나 제대로 된 정보를 찾는가가 중요한 시대다. 이것은 정보를 전달할 때도 마찬가지다. 특히 기업이 소비자에게 무언가를 전달하려면 수많은 정보들 중에서 남다른 점이 있어야 한다. 먼저 눈에 띄어야 하고, 공감대를 형성할 수 있어야 한다. 또 재미있어야 하고 핵심이 제대로 전달되어야 한다. 그리고 잊히지 않는 의미도 전달되어야 하는데 그것을 가능하게 해주는 것이 바로 스토리다.

현대판 신화를 만드는 스토리

세계에서 가장 오래된 스토리는 '신화'라고 할 수 있다. 그리고 세계 모든 나라에는 신화가 있다. 신화에는 고난에 빠진 영웅이 있고 그 영웅이 위기를 극복하고 위대한 일을 해내는 모험담이 있다. 그리고 이 모든 것을 엮어서 보여주는 스토리가 있다. 이 재미있고 흥미진진한 이야기가 있기 때문에 오랫동안 사람들의 사랑을 받으며 전해지고 있는 것이다. 특히 그리스 로마 신화가 전 세계적으로 읽히고 아이들뿐 아니라 어른들마저 빠져들게 만드는 힘은 웅장하면서도 탄탄한 스토리의 힘 때문이라고 할 수 있다.

모든 사람과 사물은 스토리를 가지고 있다. 우리의 삶 역시 스토리를 만들고 수집하고 편집하는 행위라고 할 수 있다. 이것은 기업도 마찬가지다. 비즈니스 역시 재미가 있든 없든 스토리로 이루어진다. 재미있고 인상적인 스토리는 사람들이 기억하고 흥미로워하고 열광한다. 하지만 재미없는 스토리는 순식간에 사람들의 기억에서 사라져버린다. 따라서 현대의 모든 성공적인 기업들은 의미 있는 스토리를 만들려고 한다. 21세기 비즈니스 사회에서는 기회를 만드는 데 스토리가 중요한 역할을 하고 있다는 것을 공통적으로 인식하고 있는 것이다.

나이키의 창업자 필 나이트는 아예 자신의 기업 브랜드를 신화에서 따옴으로써 기업의 창업 자체를 신화로 만들었다. 나이키 브랜드는 그리스 신화에 나오는 날개 달린 승리의 여신 '니케'로부터 따왔다. 여신 니케 스토리의 힘을 간파한 그는 아예 그 스토리의 핵심 요소와 자신의 브랜드를 연결했다. 세계적인 브랜드 전문가이자 나이키 광고의 책임자이기도 했던 스콧 베드버리는 "운동화는 사람들에게 그저 운동화였을 뿐이었습니다. 필 나이트가 나이키 운동화를 들고 나타나, 스포츠와 신체의 건강에 담긴 정신과 꿈을 나이키 에어 같은 혁신적인 제품과 연결시키기 전까지는"이라고 말했다. 이처럼 강력하게 부각되는 스토리를 가진 기업은 남다른 차이와 의미를 소비자에게 전달할 수 있는 것이다.

나이키와 함께 가장 강력한 이야기를 가지고 있는 기업을 꼽자면 코카콜라가 있다. 코카콜라는 지난 2009년까지 글로벌 브랜드가치에서 압도적인 1위를 차지한 기업이다. 코카콜라는 다양한 분야에서 자신의 스토리를 만들고 키워나갔다. 심지어 스토리를 통해 전 세계에서 공통적으로 인식되는 이미지를 만들기도 했다. 지금 우리들이 산타클로스의 모습으로 기억하는 이미지는 바로 코카콜라가 만든 이미지이다. 지난 1931년 겨울 코카콜라의 시즌 광고에서 화가 하든 선드블롬이 그린 산타클로스는 '코카콜라 레드(Coca-Cola Red)' 빛깔인 붉은색 외투에 흰색 털을 단 옷을 입었고, 종교적인 인상 대신에 콜라의 거품을 연상시키는 풍성한 흰 수염에 얼굴 가득 홍조를 띤 인자한 할아버지의 모습을 하고 있다. 그리고 이 모습이 전 세계 사람들에게 공통적인 산타클로스의 모습이 된 것이다. 통계적으로 탄산음료 비수기인 겨울철 매출 증진을 위해 구상된 코카콜라의 판촉 전략은 전 세계의 성탄절 문화와 풍경까지 변화시켰다. 이처럼 강력한 기업의 스토리는 사람들의 생활까지 지배하게 된다. 이것으로 왜 코카콜라가 그토록 강력한 브랜드 가치를 오랫동안 유지할 수 있었는지 우리는 알 수 있다.

스토리에 관해서 압도적인 위상을 자랑하는 기업이 하나 있다. 다음의 이야기를 한 번 음미해보기 바란다.

지금으로부터 약 55년 전 한 미혼모로부터 남자아기가 태어난다. 그는 양부모에게 입양되었고, 가난한 집안 형편 속에서 광기 어리면서도 직감이 뛰어난 젊은이로 성장한다. 어렵게 들어간 대학을 1년 만에 중퇴한 그는 친구 1명과 함께 자신의 집 주차장에 회사를 차린다. 빠르게 변화하는 첨단 과학기술에 타고난 안목과 통찰력이 있던 그는 한 대기업을 견학하면서 새로운 기술을 발견하고 그 기술을 훔친다. 그는 그것을 응용하여 세상이 놀라는 새로운 제품을 만들었고, 억만장자가 된다. 그 후 회사는 그의 주도하에 엄청난 프로젝트에 도전하지만 실패하고 그는 자신이 스카우트한 경쟁자로부터 회사에서 축출당한다. 실의에 빠진 그는 모든 의욕을 상실하고 자포자기의 시간을 보내지만 곧 새로운 사업에 도전해 엄청난 성공을 거두게 된다. 그 후 어려움에 처한 자신의 전 회사로 컴백한 그는 세상을 바꾸는 제품들을 줄줄이 내어놓는다. 만지는 것마다 황금으로 변하는 미다스의 손처럼 그가 만든 제품들은 사람들의 미래를 바꾸고 세상을 바꾸고 그에게 엄청난 부를 안겨준다. 그의 회사는 드디어 세계에서 주가 총액이 가장 큰 회사가 된다. 그리고 2개월 후 그는 세상을 떠난다.

짐작하겠지만 이 이야기는 얼마 전 세상을 떠난 스티브 잡스의 이야기이다. 어떤가? 신화가 가지고 있는 모든 요소가 있지 않은가? 한 영웅이 있고 고난이 있고 성공이 있고 좌절이 있다. 그리고 결국 그 고난과 좌절을 극복한 그는 세계 최고의 자리에 오른다. 그리고 2개월 후 세상을 떠난다. 이런 이야기가 있는 기업은 결코 소비자의 마음에서 쉽게 지워질 수 없다. 그래서 2011년에는 글로벌 브랜드 가치 전문업체인 밀워드브라운이 조사한 '글로벌 100대 브랜드'에서 세계 1위를 차지하게 된다. 여기서 우리가 생각해야 할 것은 이 스토리는 결코 인위적으로 만든 것은 아니라는 것이다. 극적인 과정과 전개를 하나하나 거쳐 만들어져간 신화 아닌 실화인 것이다.

스토리의 힘

그러면 이런 스토리가 왜 이렇게 소비자들의 마음을 사로잡는가? 어떻게 문화도 다르고 국적도 다르고 심지어 연령, 피부색깔, 지위도 모두 초월하여 사람들을 한마음으로 모으는가? 먼저 스토리가 왜 그렇게 강력한 힘을 갖는지부터 생각해보자.

첫째, 스토리는 기억하게 한다

왜냐하면 스토리는 바로 우리 인간들이 생각하는 방식이기 때문이다. 스토리는 이야기를 글로 남겨두지 않는다. 이미지화를 하는 것이다. 그래서 우리 사고의 대부분은 스토리로 정리된 형태를 취한다. 쉽게 생각해보자. 우리는 학교에서 단순히 공식이나 숫자의 나열, 혹은 사실을 사실 그대로 공부할 때 상당한 좌절감을 느꼈다. 물론 압도적인 암기능력을 자랑하는 사람도 간혹 있기는 했지만 그런 얄미운 녀석은 논외로 하자. 하지만 그 정보들이 이야기라는 옷을 입으면 너무나 쉽게 외워졌다. 똑같이 1시간을 들었어도 수업 시간에 들은 선생님의 말씀은 하나도 남지 않은 반면 할머니나 아빠로부터 들은 재미있는 이야기는 아무리 잊으려고 해도 잊히지 않았던 기억들이 있지 않은가.

여기저기서 자주 인용되는 '사실'과 '스토리'의 차이에 대한 E. M. 포스터의 말을 다시 한 번 되새겨보자.

"'왕비가 죽고 왕이 죽었다'는 팩트이다. 하지만 '왕비가 죽자 왕이 상심하여 죽었다'는 바로 스토리이다."

어떤가? 눈앞에 그림이 그려지듯이 훨씬 머리에 쏙쏙 잘 들어오지 않는가. 그리고 이런 이미지화를 통해서 우리는 상상력을 키울 수 있다. 앞으로 대처하게 될 상황에 효과적으로 대처할 수 있는 것이다. 특히 요즘과 같은 정보 과잉의 시대에는 더더욱 그렇다. 사람들로부터 잊히기 싫다면 스토리를 만들어야 하는 것이다.

둘째, 스토리는 공감하게 한다

할리 데이비슨 오토바이나 크리스피 크림 등은 대표적인 컬트 브랜드로 불리고 있다. 컬트 브랜드는 대중적으로 크게 알려진 브랜드는 아니지만 압도적으로 열광하는 팬을 거느리고 있다는 특징이 있다. 만약 이런 컬트 브랜드가 대중적으로 확산되어 나간다면 그 힘은 어떻겠는가? 바로 애플과 같은 기업이 되는 것이다. 애플은 이미 대중적인 컬트 브랜드가 되었다. 실제로 요즘의 컬트 브랜드는 오히려 대중적으로 확산되는 경향이 다른 브랜드보다 더 강하다. 예전의 컬트 브랜드는 일부 마니아층에만 집중되고 대중성도 없었지만 요즘은 인터넷과 휴대폰, SNS 등을 통해 그 확산성이 예전과는 비교도 할 수 없을 정도로 빨라진 것이다.

사람들은 모든 것을 자신의 이야기와 연결한다. 기업의 이야기도 마찬가지다. 자신과 관련이 없고 공감하지 못할 때는 쉽게 잊어버리고 만다. 하지만 한 기업의 이야기가 자신의 이야기와 일치하고 공감하게 되면 그 이야기에 흥미를 가지고 좋아하게 된다. 그리고 그 재미있는 이야기를 누군가에게 전하고 싶어진다. 흔히 말하듯이 입이 근질거려서 선뜻 수가 없기 때문에 자발적으로 전달자의 역할을 하게 되는 것이다. 상품이나 서비스가 가장 잘 전파될 수 있는 요인도 재미있는 스토리가 있는지 없는지가 관건이다. 같은 제품을 사용하는 소비자끼리 서로 연결하여 공감대를 형성하게 하고, 기업과 소비자를 서로 연결해주고, 기업의 경영층과 직원들도 공감대를 형성한다. 기업의 과거와 현재, 미래를 서로 연결하여 일관성을 유지할 수 있도록 하고, 변화가 필요할 때 적절한 조치를 취하게도 하는 것이다. 이런 연결고리 역할을 하는 것이 바로 스토리이다.

셋째, 스토리는 기업의 본질을 전달한다

앞서 스티브 잡스의 스토리를 보았지만 그 스토리는 바로 애플이라는 기업의 본질이라고도 할 수 있다. 독특하고 약간은 괴짜 같고 창의성이 넘치며 도전적인 스티브 잡스의 이런 스토리는 그와 그가 거느리는 기업인 애플의 본질을 말하고 있다. 이처럼 일관된 이야기가 흐르고 있는 기업은 그 힘이 막강해질 수밖에 없다.

　스타벅스는 이미 그 상호에서부터 스토리로 시작하는 기업이었다. 1971년 제럴드 볼드윈을 비롯한 세 명의 동업자로 시작했던 커피 재료 판매점의 이름인 스타벅스는 멜빌의 소설 『모비딕』에서 커피를 무척 사랑했던 항해사의 이름 '스타벅'에서 따왔다. 하지만 진정한 회사의 콘셉트가 되는 스토리는 하워드 슐츠 회장이 안정된 직장을 버리고 이 작은 회사에 합류한 계기에서부터 시작된다. 그의 머릿속에 하나의 강력한 스토리가 그려지자 그는 안정을 버리고 도전을 선택할 수 있었던 것이다.

　그 당시 미국의 직장인들에게는 직장과 가정 외의 공간이 필요했다. 직장의 치열한 경쟁과 압박, 그리고 가정의 수많은 문제들 사이에서 벗어나 자신만의 시간을 가질 수 있는 장소, 즉 '제3의 장소'가 필요했던 것이다. 하워드 슐츠는 영국의 펍(pub)이나 이탈리아의 카페와 같은 장소를 만들어 '사람들이 편히 모일 수 있는 피난장소'로 스타벅스의 개념을 정립했다. 그리고 매장의 위치(번화가에 위치), 인테리어(휴식 공간), 새로운 메뉴와 원료(아라비카 원두), 음악(본사에서 지정), 매장의 형태(본사 직영), 직원(바리스타)의 성격 등 모든 분야가 그 개념에 충실하도록 만들어나갔다. 전 세계적으로 어느 곳을 가든지 스타벅스는 동일한 이야기를 소비자들에게 전하고 있다. 발원지인 시애틀은 물론이고 뉴욕, 도쿄, 서울, 베이징 등 어느 곳에서도 모든 것이 동일하다. 이것이 바로 소비자들은 물론 직원들에게도 일관성을 제공하는 스토리의 힘이며 기업의 본질이다. 그리고 이런 스토리를 만들고 그것을 말하는 것이 리더십의 본질이다.

넷째, 스토리는 차이를 만든다

요즘은 어떤 분야의 비즈니스도 스토리가 필요하다. 극한의 경쟁상황에서 승리하고, 아니 생존이라도 하기 위해서는 남다른 차이가 없어서는 안 된다. 스토리는 그 차이를 만드는 가장 중요한 요소 중의 하나이다.

현대는 극한 경쟁의 시대다. 최첨단 기업에서부터 동네 가게에 이르기까지 엄청난 경쟁에서 생존해야 한다. 그리고 이제는 동종업계, 동종지역에서의 경쟁에 그치지 않고 유사업종, 이업종 모두와 경쟁해야 하는 시대가 되었다. 최근 『갤럭시S의 경쟁자는 코카콜라다?』

라는 책이 나왔다. 이 책 역시 이업종 경쟁이 심화되고 있고, 이제는 거기에 맞춰서 기업 역량을 집중해야 한다는 주장이다. 쉽게 예를 들어보면 아이팟과 나이키 운동화, 그리고 노스페이스 점퍼는 중고등학생의 선물용 제품으로 서로 경쟁해야 하는 사이라는 것이다. 얼마 전 이마트에서 저가의 LCD 텔레비전 제품을 출시하여 소비자들의 열렬한 호응을 받은 적이 있다. 삼성전자와 LG전자를 긴장하게 만든 이 사건이 바로 이업종 경쟁의 현주소를 말해주고 있다. 이처럼 이제 경계선도 없는 비즈니스 전장에서 승리하기 위해서는 스토리로 만드는 차이가 더욱 요구되는 시대가 된 것이다.

작은 식당을 해도 스토리가 있는 식당이 더 확실한 고정고객을 확보하면서 장수한다. '욕쟁이 할머니 식당' '며느리도 비법을 모르는 신당동 떡볶이' 등 비록 작은 규모의 식당이지만 아직도 우리는 그 식당을 기억하고 향수에 젖지 않는가? 아마 그 집들은 지금까지도 옛 추억을 찾아오는 손님들로 성업 중일 것이다. 하지만 우리 글로벌 기업들을 생각해보자. 지금 말한 식당들과는 비교되지도 않을 정도의 규모이지만 확실한 스토리로 소비자의 마음에 자리 잡고 있는 기업은 드문 것 같다. 전 세계적으로 알려진 것은 둘째 치고 우리나라 국민들에게조차 확실하게 인식된 스토리가 있는 기업이 드문 것이 현실인 것이다. 그것은 스토리에 대한 개념이 부족한 것이 가장 큰 원인일 것이다. 단지 스토리를 기업을 운영하는 데 도움이 되는 한 가지 요소, 있으면 좋겠지만 굳이 없어도 되는 것으로 특별히 큰 힘을 기울일 필요는 없는, 그 정도로만 생각하기 때문이 아닐까 생각된다. 만약 스토리가 그 기업의 본질을 효과적으로 전달하고 있고, 의도하든 의도하지 않았든 기업을 운영하는 것이 스토리를 만들어가는 과정이라는 것을 인식한다면 스토리를 그렇게 쉽게 생각하지는 않을 것 같다.

기업 전략으로서의 스토리

스토리는 본질과 가치를 전달하면서 기업과 소비자를 가장 효과적으로 연결하는 역할을 한다. 그리고 스토리는 기업 내부 경영자와 말단 직원까지를 하나로 연결해준다. 그 이유는 바로 스토리가 공감을 주기 때문이다. 사람들이 모두 한마음을 가진다는 것, 그것이 바로 공감이며 그것을 만들 수 있는 것이 감성능력이다. 그런 공감 없이 만들어지는 스토리는 결코 사람들의 마음을 움직일 수가 없다. 유명한 가수의 콘서트장에 모인 사람들을 생각해보자. 생면부지의 사람들이 모두 한마음이 되어 가수와 함께 춤추고 노래하며 서로 어울린다. 함께 같은 것을 느끼는 공감이 없으면 모르는 사람들이 서로 껴안고 노래하고 춤추는 이런 일이 생길 수 없다.

『애플과 삼성은 어떻게 디자인 기업이 되었나』의 저자 로버트 브루너는 스탠포드 대학에서 학생들에게 강의를 하며 다음과 같은 질문을 던졌다고 한다.

"만약 모토로라가 다음 주에 망한다면 신경 쓰일 사람이 있나?"라고 물었을 때 손을 든 학생은 단 한 명에 불과했다고 한다. 이어서 "만약 애플이 망한다면 어떤가?"라고 물었을 때는 거의 대부분의 학생들이 손을 들었다고 한다. 이것이 바로 애플이 가진 감성능력이고 애플에 대해 사람들이 가지는 공감의 힘이다. 스티브 잡스가 만든 매력적인 스토리와 애플 제품이 전해주는 감성이 사람들에게 강력한 공감을 느끼게 만든 것이다. 그래서 '애플빠'라는 신조어가 생기고 애플의 신제품이 나올 때마다 매장 앞에 그것을 사기 위한 엄청난 줄이 늘어서는 것이다. 이것은 애플이 자기들의 스토리를 마케팅에 적용하는 것에서도 놀라운 능력을 발휘한다는 것을 보여준다. 사람들은 누구나 자신들이 가진 제품으로 자신을 보여준다. 같은 제품을 사용하는 사용자들 간에는 물론이고 자신을 잘 모르는 사람에게도 마찬가지다. 이를테면 애플 제품을 사용하는 사람은 자신이 '앞서서 새로운 것을 받아들이는 사람'이라는 것을 내세우고 싶은 것이다. 그리고 스티브 잡스의 매력과 자신을 일체화시키는 의식도 은근히 드러낸다. 이런 의식들은 애플 제품을 사용하는 사람들 간에 유대감을 형성하는 것은 물론 애플이라는 회사와도 서로 인간적으로 교감하게 만든다. 이것이 바로 감성 마케팅의 힘이다. 이러한 현상, 즉 어떤 특정 제품을 소비함으로써 자신이 그 특정 계층에 속한다는 것을 과시하는 것을 프랑스의 철학자 겸 사회학자인 장 보드리야르는 '파노폴리 효과'라고 불렀다. 그리고 실질적으로 파노폴리 현상을 만들고, 21세기 비즈니스를 지배하는 핵심적인 요소로 스토리를 들 수 있다.

이처럼 기업이 태생적으로 갖는 스토리의 힘은 막강하다. 아무리 광고비와 마케팅 비용을 쏟아 부어도 꼼짝도 하지 않던 고객들이 자발적으로 마음을 여는 것이다. 단 한 명의 고객에도 목마른 기업의 입장에서는 얼마나 큰 힘이 되겠는가? 그래서 기업들은 스토리를 마케팅에 활용하려고 적극적으로 연구를 거듭하고 있다. 그리고 이것을 돕기 위한 기업으로 히스토리 팩토리라는 회사까지 생겼다. 미국 버지니아 주에 있는 이 회사는 업체와 그 업체가 생산하는 상품에 담을 이야기를 컨설팅해준다고 한다. 또한 레고와 오라클 등 국제적인 기업들의 마케팅을 맡고 있는 시그마라는 덴마크 기업 역시 기업의 메시지를 가장 효과적으로 설명하는 핵심 스토리를 만드는 스토리텔링 전문 기업이다.

마케팅에서 활용하는 스토리는 기업이 가지고 있는 고유의 스토리와 일치할 때 더 큰 힘을 발휘하게 된다. 광고나 마케팅을 위해 급조된 스토리보다는 소비자들이 인식하고 있는 기업이나 창업자의 스토리와 일치하는 스토리가 훨씬 더 큰 힘을 발휘하는 것이다. 최근 많은 기업들은 다른 회사들의 성공사례를 찾아서 자신의 회사에 적용하려고 한다. 즉 모범 답안을 찾고자 하는 노력인데 대부분의 회사는 실패하고 만다. 이것을 두고 일본 제조업 경쟁분야의 전문가인 후지모토 다카히로 도쿄대 교수는 "타사의 모범사례를 주워다 쓰는 것은 헛수고다"라고 말하기도 했다. 진정한 효과를 거둘 수 있는 스토리 전략은 탄탄한 인과 논리로 자사의 고유한 이야기에 녹아들 때에 의미를 가진다는 것이다.

1992년 3월 댈러스의 한 레슬링 체육관. 그곳에서는 특별한 경기가 벌어지고 있었다. 바로 사우스웨스트 항공사의 대표인 허브 켈러허 회장과 스티븐스 항공사의 커트 허월드 회장 간의 팔씨름 경기였다. 이 시합의 계기는 두 회사 광고문구의 저작권 침해 문제였다. 애초 스티븐스 항공이 '플레인 스마트(plane smart)'라는 광고 문구를 사용하고 있었는데, 그 사실을 몰랐던 사우스웨스트 항공이 '저스트 플레인 스마트(just plane smart)'라는 문구의 광고 캠페인을 벌인 것이다. 통상 미국에서는 이런 경우 엄청난 비용이 드는 법정투쟁이 일어나지만 두 회사의 회장은 팔씨름으로 결정하자는 파격적인 제안을 주고받는다. 이기는 회사는 자신의 광고 문구를 계속 쓰지만 지는 회사는 광고 문구를 쓰지 못하는 것은 물론 이긴 회사가 지정하는 자선단체에 5천 달러를 기부하는 조건이었다. 이 시합은 결국 스티븐스 항공의 승리로 끝났지만 두 회사 모두에게 해피엔딩이 된다. 두 회사는 회사 홍보에 엄청난 효과를 거두었고, 비록 졌지만 사우스웨스트 항공은 광고 문구를 계속 사용하도록 승자로부터 허락받았고, 언론은 훌륭한 기삿거리를 건졌으며, 자선단체는 1만 5,000달러의 기부를 받았다. 그리고 그것을 지켜보던 미국 국민은 즐거운 이벤트를 즐겼고, 허브 켈러허 회장은 조지 허버트 워커 부시 대통령으로부터 패배를 축하하는 카드를 받는다. 이 이벤트가 꾸며진 것이라는 의견도 있지만 아무려면 어떤가? 모두가 즐거워하는 스토리인데.

　미국에서, 아니 세계에서 가장 독특한 항공사로 사우스웨스트 항공을 드는 데 이견을 가질 사람은 없을 것이다. 저렴한 항공 가격으로 비행기를 버스와 경쟁하게 만든 기업, 유머와 놀이가 일의 본질이 된 기업으로 잘 알려져 있다. 지금 여기서 다룬 것은 이 회사의 매혹적인 마케팅 전략적 스토리이다. 이 회사는 광고와 마케팅 모두 회사의 본질 중의 하나인 유머에 충실한다. 그럼으로써 큰 비용과 노력을 들이지 않고서도 고객들의 공감을 얻고 큰 효과를 거두고 있는 것이다.

나만의 스토리를 만들어라

기업도 마찬가지지만 사람들의 삶도 이야기를 만들어가는 과정이다. 그 이야기가 재미있으면 사람들의 주목을 끌지만 지루하면 사람들은 졸거나 떠나버리고 만다. 인생이 재미있기 위해서는 나 자신이 내 인생의 주인공이 되어야 한다. 주인공이 된다는 것은 자신의 삶에 뚜렷한 목표와 주관이 있다는 것이다. 만약 뚜렷한 주관이 없이 되는 대로 상황에 따라 흔들리며 살다 보면 그 사람은 주인공이 아니라 주변 인물이 되고 만다.

신화에는 영웅이 있다. 물론 우리 삶이 꼭 신화와 같을 수는 없지만 우리는 '우리 삶'이라는 신화에서 영웅이 되어야 한다. 삶에 대한 확고한 비전을 세우고 열정적으로 살다 보면 우리의 이야기도 하나의 신화가 될 수 있는 것이다. 모든 신화에는 위기가 있듯이 우리의 삶도 항상 평탄할 수는 없다. 위기가 있고 굴곡도 있는 것이 삶이다. 그래서 '어느 순간 삶의 균형을 잃은 주인공이 그 균형을 회복하고자 부단히 노력하지만 그것은 대단히 어렵다'는 것을 다루는 것이 바로 이야기라고 한다. 시나리오 전문가 로버트 맥기의 이 말에서 보듯이 우리의 이야기를 얼마나 재미있고 멋지게 만드는가는 우리에게 닥친 고난을 얼마나 멋지게 뛰어넘느냐에 달렸다.

첫째, 재미가 있어야 한다

창의적인 사람들의 공통점은 무슨 일을 하든 신나고 재미있게 즐긴다는 것이다. 그것이 일이든 취미생활이든 말이다. 따라서 그들은 일을 놀이로 만들고 취미를 일로 만드는 특징이 있다. 이것을 보면 재미있게 일하고 인생을 즐기는 사람들이 성공적인 인생을 산다는 것을 알 수 있다. 인류의 위대한 발명을 이끈 과학자들도 마찬가지고 현대의 첨단 기업을 이끄는 경영자들도 모두 장난꾸러기와 같은 성품을 기반으로 한다. 그리고 이런 어린아이와 같은 천진난만함이 그들의 창의성을 강력하게 뒷받침하고 무미건조할 것 같은 그들의 인생을 재미있게 만든다.

우리나라에서 가장 인상적인 스토리를 만든 사람을 들라고 하면 거의 故 정주영 현대그룹 명예회장을 들 것이다. 강원도 시골에서 부자가 되고 싶어 소 판 돈을 훔쳐 가출을 하고, 공사장 막노동과 쌀가게 배달원을 거쳐 자신의 사업을 시작해 대한민국 최고의 재벌 회장이 된 것만으로도 그의 이야기는 충분한 스토리가 된다. 하지만 그는 타고난 창의력과 통찰력을 통해 사업과 인생 자체를 모두 재미있는 스토리로 만들었다. 그에 관한 다양한 스토리가 있지만 압권은 바로 다음 이야기이다.

1998년 6월 16일 정주영 회장은 북한의 초청으로 고향을 방문하게 된다. 육로를 통한 첫 북한 방문이었다. 그때 그는 서산농장에서 키운 소떼 500마리를 총 50대의 트럭에 싣고 판문점을 통과한다. 북한의 시골마을 아산 태생인 정주영에게 있어 소떼 방북은 금의환향이었고, 간절하게 통일을 바라던 국민들에게는 평생소원이 눈앞에서 이루어지는 것 같은 설렘이었다. '소떼 500마리 방북'은 '통일을 위한 첫걸음'으로 국내외에서 큰 이슈가 됐다. 영국 〈인디펜던트〉지는 "미국과 중국 간 핑퐁외교가 세계 최초의 스포츠 외교였다면 정 회장의 소떼몰이 방북은 세계 최초의 민간 황소 외교"라고 평가했다. 또 프랑스의 석학이자 문화비평가인 기 소르망은 정주영 회장의 '소떼몰이 방북'을 '20세기 마지막 전위 예술'이라고 표현하기도 했다. 이 '전위예술'은 4개월 뒤 2차 501마리 소떼 방북을 거쳐 11월 18일 마침내 금강산관광으로 연결된다.

스토리는 이처럼 재미있는 이벤트가 있어야 사람들에게 감동을 줄 수 있다. 그리고 누구든지 자신의 삶을 통해 이야기를 만들 수 있다. 꼭 신화와 같은 이야기일 필요도 없고 정주영 회장과 같은 대단한 기업가가 되어야 하는 것도 아니다. 나만의 꿈을 정하고, 과감한 도전과 열정 그리고 감성능력으로 그 꿈을 이루어나가고, 항상 나만의 특별한 것을 만들기 위해 노력한다면 누구나 자신의 스토리를 재미있고 감동적으로 만들 수 있다. 단 어떤 일을 하든지 스토리텔러로서의 자질을 갖추고, 적절한 각본과 보는 사람을 감동시킬 수 있는 능력을 몸에 익혀야 한다. 그래야 재미있는 이야기를 만들 수 있다.

둘째, 고난은 스토리의 핵심 요소다
모든 신화에는 영웅의 등장이 필수적이다. 그리고 영웅은 자의든 타의든 떠났다가 사람들이 위기에 빠졌을 때 돌아온다. 최근 뉴스에서 마이크로소프트사의 빌 게이츠 전 회장이 회사로 복귀할지도 모른다는 뉴스가 나왔다. 스마트폰의 운영체계 시장에서 시장점유율 1%에도 못 미치는 엄청난 고전을 하는데다가, 압도적인 점유율로 시장 1위 자리를 수성했던 PC OS 윈도와 업무용 프로그램 오피스까지 경쟁자의 거센 도전을 받으며 설 자리를 잃고 있기 때문이다. 이것은 애플이 위기에 빠졌을 때 그들이 쫓아내었던 스티브 잡스를 불러들인 상황이나 스타벅스가 어려움을 겪을 때 퇴직한 하워드 슐츠를 다시 불러들인 상황과 흡사하다. 이처럼 기업은 위기에 빠지면 그 회사의 창업자를 불러들인다. 신화를 만들었던 영웅이 필요한 것이다.

미국의 영화감독 올리버 스톤은 "당신이 더 이상 위험을 무릅쓰지 않는다면 이야기는 끝난 것이다"라고 말했다. 그렇기 때문에 모든 신화에는 고난을 무릅쓰는 영웅의 이야기가 핵심적이다. 굳이 나만의 스토리를 만들기 위해 일부러 고난을 찾을 필요는 없지만 우리 삶에는 항상 굴곡이 있기 마련이다. 그리고 이런 위기를 맞았을 때 좌절하고 포기하기보다는 나의 스토리를 더욱 재미있고 다채롭게 만들고 있다는 마음가짐으로 과감하게 도전하는 자세가 필요하다.

우리가 위인전이나 자서전을 통해 익히 아는 위인들의 이야기를 한마디로 집약하면 '고난극복기'라고 할 수 있다. 51세에 미합중국의 대통령이 된 링컨은 힘겨운 어린 시절을 거친다. 그리고 21세에 첫 번째 사업실패를 경험한 다음 49세까지 총 10번에 가까운 선거에서 실패를 거듭한다. 그리고 실연의 상처로 인해 신경쇠약과 정신분열증에 시달리기도 했다. 누가 봐도 완벽하게 실패한 인생이지만 그는 결코 자신의 낙선과 고난을 실패라고 생각하지 않았다. 그는 "내가 웃지 않고 살았다면 이미 나는 죽었다. 여러분도 웃음이라는 보약을 복용해보라"고 말했다. 실패를 웃어넘기는 탁월한 회복탄력성이 그에게는 있었던 것이다. 순탄하게 자신의 삶을 살다가 인류에 공헌하는 위대한 사람이 된 사람은 단 한 사람도 찾기 어렵다. 그리고 이런 고난이 있기에 그들의 이야기는 더 다채롭고 재미있다. 사람들에게 공감과 감동을 주는 것이다.

셋째, 단순하고 보편타당하게
레이건 대통령 재임 시절, 그가 한 모임에서 연설을 하는 데 부인 낸시 여사로부터 쪽지 한 장이 전해졌다. 그 쪽지에는 'KISS'라는 단어가 적혀 있었고 기자들로부터 그 의미에 대한 질문이 쏟아지자 낸시 여사는 다음과 같이 대답했다고 한다. "Keep It Short, Stupid." 너무 길고 지루하니 짧게 하라는 말이다.

간략하면서도 핵심을 찌르는 말을 하는 것은 누구에게나 어렵다. 핵심을 파악하지 못하고 이야기를 하다 보면 군더더기가 붙게 되고 그러면 결국 지루해지기 마련이다. 그래서 세계적인 명문 하버드 대학의 교육 목표 중의 하나가 지루하지 않은 사람으로 키우는 것이라고 한다.

스토리 역시 기업이나 개인이 자신의 핵심 가치를 소비자나 다른 사람에게 전달하는 것이므로 그 필수적인 요소는 바로 '단순함'이라고 할 수 있다. 그리고 글로벌 시대에 민족과 나라를 가리지 않고 널리 퍼뜨리기 위해서는 지구상 누구라도 공감할 수 있는 '보편성'을 가져야 한다. 아무리 거대하고 복잡한 기업이라도 그 핵심을 찾아가면 단순하고 간결해진다. GE의 경우를 보자. 그 회사는 기업의 창업자인 토머스 에디슨의 이야기를 구구절절이 늘어놓는 대신에 그 역사를 다음과 같이 간단한 문장에 담는다.

"백열전구에서 시작된 혁신은 우리 회사를 이끌어온 토대이며 우리의 미래를 이끌어갈 열쇠입니다."

이처럼 당당하고 할 이야기가 많은 기업의 메시지는 오히려 간결하다. 자신의 핵심 가치를 한 문장으로 충분히 집약할 수 있는 것이다. 반대로 구구절절 할 말이 많은 기업은 그 내실을 살펴보면 별로 건질 것이 없는 경우가 많다. 사람 역시 마찬가지다. 화려한 미사여구로 자신을 꾸미려고 하는 사람은 자신감이 없고 별로 내세울 게 없는 경우가 많다. 학생이든 직장인이든 단순하고 보편타당한, 모든 사람들이 공감하고 인정하는 스토리를 만들려면 먼저 자신의 핵심적인 가치와 미래 비전을 간단한 문장으로 집약하라. 그리고 도전적이고 열정적으로 그것을 추구해나가면 된다.

넷째, 스토리텔링을 연습하라

나 자신의 스토리를 만들었다면 그것을 멋지게 전달해야 한다. 스토리란 남에게 제대로 전달함으로써 완성된다. 아무리 좋은 스토리를 가졌더라도 그것을 재미있게 표현할 수 없으면 사람들은 지루해하며 떠나고 만다. GE의 전 회장 잭 웰치의 말이 이것을 잘 말해준다. 사람들이 "당신의 가장 큰 특징이 무엇이냐"고 묻자 그는 이렇게 대답했다고 한다. "나는 아일랜드 사람이라서 이야기하는 방법을 알고 있습니다." 스토리텔링을 할 수 있는 능력이 자신의 가장 큰 강점이라고 말했던 것이다.

현존하는 최고의 연설가로 꼽히는 미국 오바마 대통령의 비밀은 항상 '일화'와 '비유'를 통해 자신이 말하고 싶은 바를 전달하는 것이다. 이를테면 흑인인 자신에게 표를 달라고 직접적인 호소를 하기보다는 수십 년 전 버스에서 차별받던 흑인여성의 사례를 통해 이제는 흑인 대통령의 등장이 절실하다는 마음을 유권자들에게 심어주는 것이다. 그는 자신의 모든 연설에서 상황에 적절한 이야기를 활용함으로써 사람들의 마음을 움직였고 결국 미국의 첫 흑인 대통령까지 되었다. 이처럼 이야기는 사실을 감성으로 전환시키는 힘이 있다. 사람의 마음을 흔들어 행동하게 만드는 것이다.

현존하는 전설이며 투자의 귀재인 워런 버핏과 식사를 한 번 하려면 2백만 달러가 넘는 돈을 내야 한다. 하지만 그 비싼 돈을 주고라도 그와 식사를 하기 위해 수많은 사람들이 줄을 선다. 그것은 바로 그가 들려주는 이야기를 듣기 위해서다. 워런 버핏은 스토리텔링의 대가라고 알려져 있다. 그는 투자자나 고객들에게 자신이 가지고 있는 전문지식을 그대로 알려주기보다는 누구나 쉽게 알아들을 수 있도록 스토리로 이야기한다. '비유의 마술사'라는 애칭을 가진 그가 자신의 기업, 버크셔 헤서웨이를 인수한 것을 담배꽁초로 비유한 일화는 유명하다. 한 기자가 그의 투자 결정 중 가장 잘못된 것을 묻자 그는 "우리는 단지 싸다는 이유만으로 그 회사를 인수했습니다. 피다 남은 시가 꽁초는 푸석푸석하고 맛도 없고 한두 모금 정도밖에 남아 있지 않은 대신 공짜입니다. 바로 이것이 우리가 버크셔를 매입할 당시의 상황이었고, 정말 형편없는 실수였습니다." 자신의 투자실패를 정말 솔직하게, 그리고 절묘한 비유로 이야기함으로써 우중충한 이야기를 즐겁고 유쾌하게 전달한 것이다.

흔히 훌륭한 리더들의 조건은 스토리를 만들고 그것을 잘 말할 수 있는 능력이라고 한다. 스토리의 구성과 표현 방법을 알면 커뮤니케이션 능력이 커지고, 리더로서 사람들의 신뢰를 받을 수 있기 때문에 조직을 이끌어 나갈 리더십이 쉽게 발휘될 수 있다는 말이다.

창의력을 만드는 감성,
놀이 감각과 유머능력을 키워라

재미있어서 견딜 수 없는 직장, 만약 당신이 이런 직장에 다닌다면 어떨까? 매일 아침 회사에 가고 싶어서 저절로 눈이 떠지고 주말이면 회사를 갈 수 없다는 생각에 한숨이 나오지 않을까? 아마 대부분의 사람들은 "무슨 꿈같은 소리를……" 하면서 웃을지도 모른다. 하지만 우리가 익히 알고 있는 기업들 중에는 일과 놀이를 결합하여 놀라운 성과를 만들어내는 기업들이 있다.

  우리나라의 경우 요즘도 '일'과 '놀이'에 대한 생각이 예전과 크게 다를 바가 없다. 기업도 마찬가지고 개인도 마찬가지다. 극히 일부의 사람은 '노동'이라는 개념에서 벗어나 자신이 하고 싶은 일을 하고 살지만, 대부분의 사람들은 '생계를 위해 마지못해 하는 일'이라는 개념에서 벗어나지 못하고 있다. 기업도 마찬가지다. 지금은 많이 달라졌다고는 하지만 옛날 포드자동차에서 일어났던 일과 같은 분위기가 아직도 남아 있는 회사가 많다. 영국의 경영학자 데이비드 콜린스는 다음과 같은 사례를 말해준다.

"동료와 웃다가 조립라인을 30초 정도 지연시킨 전과가 있던 존 칼로는 미소를 지었다는 이유로 1940년 해고되었다. 이런 엄격한 관리 규칙은 '일할 때는 일해야 하고 놀 때는 놀아야 한다. 이 둘이 서로 섞여서는 안 된다'는 헨리 포드의 경영철학이 반영된 결과다."
그리고 헨리 포드는 경영진 중 누군가가 자신과 다른 의견을 내려고 하면 "자네가 이 회사의 사장인가?"라고 윽박지르기도 했다고 한다. 헨리 포드가 특별히 권위적인 면모가 있기는 하지만 그의 생각이 무조건 틀렸다고 할 수는 없을 것이다. 그 당시는 오직 대량 생산을 위한 생산성 향상과 강력한 리더십이 필요한 시기였다. 그 당시 헨리 포드의 경영방식을 탓할 수는 없지만, 그 시절의 잣대를 지금도 그대로 적용하는 기업이 많다는 것은 문제다.

놀이로 최고의 기업이 된 구글

『구글 웨이』의 저자 리처드 L. 브랜트는 자신의 책에서 '구글'을 기원전 300년에 세워진 그 당시 세계 최대의 도서관 알렉산드리아에 비유하면서, 구글이 세계인의 정보를 다루는 사실상의 사서 역할을 하고 있다고 말한다. 콘텐츠 도서관이라고 할 수 있는 인터넷에서 세계 검색시장의 70%를 차지하면서 가장 정확하고 빠르게 정보를 찾아주는 역할을 하기 때문이다. 실제로 구글은 2002년, 그동안 출판되었던 모든 책들을 디지털화하기 위해 갖가지 크기의 책과 430여 개의 언어로 이루어진 특이한 서체를 인식할 수 있는 '페이지 인식 소프트웨어'를 만들었다. 그리고 팀을 구성해 대학을 찾아다니며 소장 도서의 디지털화를 논의하기도 했는데, 이런 노력이 결실을 맺어 옥스퍼드 대학이 첫 번째 파트너가 되어 3년 안에 1백만 권이 넘는 책을 디지털화하기로 합의했다. 사서를 넘어 명실상부한 세계의 도서관 역할을 하려는 오랜 소망이 이루어져 가는 것이다(구글의 도서검색 사업은 저작권 문제로 법적 분쟁 중이다. 지난 2011년 3월 뉴욕관할법원에서 합의안이 기각됨으로써 진행에 차질이 생긴 상태이나 구글은 다른 방법을 통해 이 계획을 계속 진행하겠다고 한다). 이런 노력 외에도 문화 기업이 되고자 하는 구글은 '구글 아트 프로젝트'를 통해 전 세계 40개국 151개 미술관이 소장하고 있는 미술품을 디지털화하고 있으며, 지난 2006년에는 최고문화책임자(CCO, Chief Culture Officer)라는 직종을 새로 만들어 긍정적인 기업 문화를 만들어가는 역할을 맡기기도 한다.

이처럼 문화를 기업의 주된 비전의 하나로 삼은 구글은 사람들에게 어떻게 인식되고 있을까? 좀 의외라고 생각될지도 모르지만 구글의 문화를 사람들은 '대학 캠퍼스', 혹은 '유치원 놀이터'로 묘사한다. 아니 유치원 놀이터라기보다는 젊은이들의 놀이터라고 표현하는 것이 더 맞을지도 모르겠다. 당구대가 갖추어진 오락실, 테이블 축구기구와 비디오 게임기, 그리고 안마 의자와 낮잠을 즐기기 위한 슬리핑 보드까지 젊은이들이 원하는 모든 놀이기구가 회사에 구비되어 있다. 또한 매일 다양한 메뉴의 공짜 점심을 직원들에게 무제한으로 제공하고 회사 내에서 체스, 포커를 즐기게도 한다. 상근 안마사를 고용하여 직원들이 무료로 안마를 받게 하며 의사 1명이 정기적으로 방문하여 무료검진도 실시한다. 재미있는 놀이를 하게 함으로써 팀을 중심으로 일하는 IT기업에 필수적인 창의성과 협동정신을 키우기 위한 공감의 장을 마련해주는 것이다.

최근 미국에서 가장 취업하고 싶은 기업을 꼽으라면 단연 구글이 1위를 차지하고 있다. 또한 다양한 매체에서 실시하는 브랜드 가치 평가에서도 1위를 차지하고 있다. 한마디로 젊은이들에게 가장 인기 있는 기업이 된 것이다. 구글을 지원하는 사람들은 급여나 대우가 아니라 '일하는 것이 즐겁다'를 첫 번째 이유로 꼽고 있다. 놀이터라고 불릴 정도로 재미있게 근무할 수 있는 것이 구글을 좋아하는 큰 이유 중의 하나인 것이다. 하지만 재미있게 근무할 수 있다는 단순한 이유만으로 세상에서 가장 유능한 직원들을 모을 수는 없다. 구글에는 젊은이들을 끌어들이는 또 다른 것이 있다. 무언가를 이루고자 하는 '열망'이 있고, 경영진부터 말단 직원에 이르기까지 끊임없이 새로운 것을 추구하는 '도전정신'이 있다. 거기에 덧붙여 그것을 이루기 위해 일을 마치 놀이처럼 할 수 있는 '문화'가 있는 것이다. 청춘들이 가장 재미있어 하는 일이 무엇일까? 그것은 자기가 하고 싶은 일을 마음껏 하는 것이다. 그리고 그 일을 통해서 꿈을 이루어나가는 것, 구글에서는 이것이 가능하다. 일이 놀이이고 놀이가 일이 되는 것이다. 그리고 겉치레만이 아닌 이런 본질적인 문화를 구축할 수 있었던 것은 바로 창업자인 래리와 세르게이 자신들이 바로 '놀이'를 통해 성장해 왔기 때문이다. 래리는 초등학교 시절에 이미 레고 블록을 사용하여 컴퓨터 프린트를 만들었다. 그리고 스탠퍼드 대학에 재학 중일 때도 어린 시절의 경험을 살려 구글의 첫 번째 컴퓨터를 레고보다는 좀 큰 듀플로라는 블록의 모조품을 사용해서 만들었다고 한다. 어릴 때부터 수학을 좋아했던 세르게이는 수학에 관련된 사고를 하는 것을 즐겼고, 래리는 무언가를 구축하고 싶어 하는 열망이 있었다. 재미있는 일은 종종 새벽까지 몰두하게 만든 이것이 바로 구글 신기술의 원동력이 되었다는 것이다.

놀이와 유머가 우리에게 주는 힘

이미 오래전부터 '놀이'는 창의력과 밀접하게 관련이 있는 것으로 알려져 왔다. 그래서 위대한 과학자들과 예술가들 중에는 어린아이와 같이 천진난만한 놀이를 즐기는 사람들이 많았다. 페니실린을 발견한 플레밍은 일상생활에서도 놀이를 즐겼지만 연구 역시 놀이처럼 하는 것으로 유명하다. 그는 미생물을 마치 미술 놀이를 하듯이 다양하게 섞어 거기서 어떤 변화가 일어나는지를 살펴보다가 녹색곰팡이 페니실리움 노타튬을 발견한다. 최초의 항생물질인 페니실린은 그의 장난꾸러기 같은 호기심에서 발견된 것이다.

　노벨 물리학상 수상자이며 천재적인 물리학자로 잘 알려진 리처드 파인만은 전공인 물리학뿐만 아니라 그 외의 여러 분야에서도 타고난 장난기와 호기심을 발휘하여 여러 가지 재미있는 에피소드를 남기고 있다. 많은 책에서 소개되는 그의 이야기들은 천재적인 과학자가 놀이를 통해 어떻게 창조적인 통찰력과 영감을 얻게 되었는지를 잘 보여준다. 그는 다음과 같은 말로 자신의 생각을 피력하고 있다. "내가 하려는 일이 핵물리학의 발전에 얼마나 기여하는가는 중요치 않다. 문제는 그 일이 얼마나 즐겁고 재미있느냐이다."

　그러면 창의력의 원천이 되는 놀이는 어떻게 우리 삶에 적용할 수 있을까?

　첫째, 어떤 놀이라도 괜찮다. 놀이에 어떤 특별한 제한을 두지 말고 자신에게 맞고 좋아하는 분야의 놀이를 선택하면 된다. 『생각의 탄생』의 저자는 단어게임, 보드게임, 음악게임, 시각게임, 퍼즐, 장난감 등 우리가 상상할 수 있는 거의 모든 지적인 오락은 여러 분야에서 활용될 수 있는 기술이나 지식, 개념을 발달시킨다고 한다. 단어게임에 관한 지식은 음악과 결정학, 카드게임은 통계학과 진화론, 시각게임은 건축과 심리학 및 생화학 등에 도움을 준다는 것이다. 요한 호이징거는 인간의 놀이는 의례, 예술, 정치, 스포츠, 문명 등 삶의 전 부문에서 고도로 발전했다고 하면서 다음과 같이 말한다. "놀이를 아는 것은 마음을 아는 것이다. 여기서 놀이의 종류가 무엇인지는 중요하지 않다." 또한 신경정신과 의사 도널드 위니컷은 심리치료의 목적을 '놀지 못하는 상태에서 놀 수 있는 상태로 환자를 변화시키는 것'이라고 하며, "개인이 창조력을 발휘하며 자기를 전부 사용하는 것은 오로지 놀이에서만 가능하고 또한 창조적인 상태에서만 개인이 자아를 발견할 수 있다"라고 말한다.

이처럼 놀이는 어떤 것이라도 우리에게 도움을 주지만 가능하면 피해야 하는 게임도 있다. 온라인 게임이나 폭력적인 게임 등 중독의 위험이 있어 심신에 해를 줄 우려가 있다면 피하는 것이 좋다. 인간의 뇌에는 약 50여 가지의 신경전달물질이 있다고 알려져 있다. 그중에 도파민이라는 호르몬이 있는데 얼마 전 이 도파민이 화제가 된 적이 있었다. 새롭고 기이한 것을 추구하는 도파민이 왕성하면 창의적이고 성공적인 삶을 살 수 있다는 것이다. 도파민은 목표를 달성했을 때 쾌감을 줌으로써 그 일을 지속할 수 있는 힘을 준다. 작은 성공으로 보수물질인 도파민이 분비되면 뇌가 또다시 그 쾌감을 맛보기 위해 그 일을 계속하게 되는 것을 '강화학습'이라고 하는데, 만약 그 분야가 공부라면 공부에 재미를 붙이고 계속할 수 있게 만든다. 여기까지면 더없이 좋겠지만 이 도파민에는 나쁜 영역이 있다. 이를테면 술, 담배, 마약, 쇼핑 등 나쁜 일에 도파민이 작용하면 그 일에서 헤어나오기가 힘들어진다. 게임도 마찬가지다. 폭력적이고 중독성이 강한 게임에 중독이 되면 일이나 공부보다 그것을 더 중요하게 여기게 되는 상황이 생긴다. 이렇게 되면 게임이나 놀이가 긍정적이기보다는 인생에 악영향을 미칠 수도 있는 것이다. 따라서 자신이 하고 있는 일과 연관을 가지며 적절한 균형을 잡을 수 있는, 또 자신이 통제할 수 있는 놀이가 좋다. 가능하면 건전한 취미로 연결할 수 있는 놀이가 좋은 것이다.

창의적인 사람들은 다양한 분야에 관심을 두는 특징을 가지고 있다. 특히 그들은 일과 취미를 조화시키는 능력이 탁월하다. 그들이 취미를 활용하는 것은 다양한 분야의 지식을 자신의 주 분야와 결합시키는 역할도 하지만, 그 외에 또 다른 중요한 기능이 있다. 바로 취미를 통해 '놀이'와 '휴식'의 기능을 얻는 것이다. 위대한 발명가나 과학자들은 여가시간에 그림을 그리거나 자신이 관심을 가지는 분야의 공부를 했다. 사실 이런 일은 누구나 가능한 일이지만 여기서 얻는 대가는 상상을 초월한다. 어떤 직업을 가지고 있더라도 그림 그리기, 음악 공부, 시 쓰기, 컴퓨터 프로그래밍, 수학풀기 등 다양한 분야에서 폭넓은 '놀이' 겸 '휴식'을 가져보는 것이 좋다.

둘째는 어린아이와 같은 마음을 갖는 것이다. 흔히 상상력을 키우려면 어린아이와 같은 생각을 하라고 한다. 아이들은 생각의 한계가 없고 사고 역시 정형화되어 있지 않기 때문에 더 뛰어난 상상력을 가질 수 있는 것이다. 결국 한마디로 유치해져야 한다는 말이다. 위대한 창조는 잘 훈련받은 성인이 어린아이의 순수한 놀이 의식으로 돌아갈 때 얻어진다. 하지만 이런 어린아이와 같은 모습이 더 이상 두렵지 않은 경지에 이르기 위해서는 많은 어려움이 따른다. 특히 우리나라처럼 알게 모르게 웃음과 놀이를 경시하는 사회적 분위기에서는 더더욱 그렇다. 권위적인 분위기에 젖어 있는 기업에 근무하는 직장인들이 자신의 업무와 조직 분위기에 활력을 주기 위해 적극적인 유머 전략을 펼친다면 그 결과는 참담할 수도 있다. 그 정도는 아니더라도 우리는 남들에게 진지한 대접을 받지 못하거나 혹은 충분한 능력도 없이 웃음으로 때우려는 사람으로 비춰질까봐 걱정을 한다. 그래서 우리들은 본성을 억누르고 사회가 요구하는 대로 가면을 쓰게 된다.

우리 안에 있는 어린아이와 같은 모습을 찾으려면 우리 내면이 내는 소리에 귀를 기울일 수 있어야 한다. 어린아이들은 자신의 감정에 솔직하다. 그래서 아이들은 하루에 400번 이상 웃지만 어른들은 하루에 15회 정도밖에 웃지 않는다고 한다. 서구에 비해 우리나라의 웃음 횟수는 더 적어서 약 7회 정도에 그친다고 한다. 어떤 반응을 일으키기 위한 최소한의 자극을 역치라고 부른다. 아이들은 웃음에 대한 역치가 낮기 때문에 잘 웃지만 어른들은 역치가 높아져서 잘 웃지 않는 것이다.

셋째는 유머감각을 키우는 것이다. 최근 분야를 가리지 않고 유머의 중요성이 강조되고 있다. 그 이유는 바로 유머가 창의성과 통찰력을 키우는 데 중요한 역할을 한다는 연구에 힘입은 바가 크다. 즉 통찰력과 창의성을 얻기 위해서는 기존에 우리가 가지고 있던 사고의 패턴, 즉 정형성을 벗어나야 하는데 유머도 똑같은 과정을 거쳐야 한다는 것이다. 유머는 우리 뇌에서 중요한 조절기능을 하는 세로토닌을 만들어내는 효과도 갖는다. 우리의 심신은 모두 양방향성을 가지고 있다. 따라서 세로토닌이 활성화되면 행복감을 느끼고 많이 웃을 수 있지만, 유머와 웃음을 통해 심신이 즐거워지면 역으로 세로토닌이 더 활성화되기도 하는 것이다.

지난 2009년 우리나라가 한창 닥쳐온 글로벌 경제위기에 두려워하고 있을 때 KBS에서는 창사 60주년 특집방송으로 〈위기의 시대, 세로토닌이 답이다〉라는 프로그램을 방영했다. 위기를 헤쳐 나가는 데 우리 뇌의 신경전달물질인 세로토닌이 큰 역할을 한다는 주제였다. 이 프로그램에서 알려주었듯이 세로토닌은 집중력을 키워주고 우뇌형 사고를 가능하게 하며, 나보다 다른 사람을 배려하는 이타적 기능이 있다. 그리고 가장 중요한 것은 바로 우리의 감정을 긍정적으로 조절한다는 것이다. 세로토닌적인 사람은 공격성과 중독성을 잘 조절해서 평상심을 유지하는 성향을 가진다. 앞서 도파민의 중독성을 이야기했는데 세로토닌은 이 중독성을 조절하는 역할도 한다. 세로토닌이 활성화되어 있는 사람은 집중력과 기억력이 향상되어 창조적인 사람이 되며 항상 생기발랄하고 의욕적인 사람이 될 수 있다. 한마디로 행복한 사람이 되는 것이다.

유머는 기업이나 조직을 이끄는 리더에게 가장 중요한 덕목 중의 하나이다. 직원들의 자발적인 참여와 헌신, 그리고 창의력 넘치는 조직을 만들기 위해서는 경영과 리더십에 재미를 끌어들이지 않으면 안 된다. 앞에서 헨리 포드의 예를 들었지만 경직된 사고를 가진 리더에게 반대의견을 자유롭게 말하기는 어렵다. 달갑지 않은 소식을 가지고 달려온 전령들이 성질 급한 왕에게 목숨을 잃는 옛이야기들이 얼마나 많은가. 따라서 유머는 기업이나 조직의 상층부에서 시작되어야 한다. 속성상 유연하고 유머러스한 조직 분위기는 밑에서 위로 올라가기는 어려운 것이다.

제8장

우리 삶의
가치가 되는 감성능력,
'의미'를 찾아서

- 우리는 무엇을 위해 사는가
- 아름다운 기업이 이긴다
- 삶의 의미, 일의 의미를 찾아라

우리는 무엇을 위해 사는가

테레사 수녀는 『단순한 길』이라는 책에서 "오늘날 서구의 가장 큰 질병은 폐결핵이나 나병이 아니다. 사랑받지 못하고 배려에서 제외되고 무시당하는 것이 가장 큰 질병이다. 신체적 질병은 의약품으로 치료할 수 있다. 그러나 외로움, 절망, 희망 없음을 치료하는 약은 사랑뿐이다"라고 말했다. 아름답게, 윤리적으로, 그리고 이타적으로 사는 것이 행복을 위한 첩경이며 소중한 삶의 의미라는 것을 이미 많은 현인(賢人)들이 우리에게 이야기해 주고 있다. 하지만 우리 사회는 삶의 의미가 곧 경제로 직결되는 '극단의 경제학'이라는 슈퍼밈에 사로잡혀 있다. 슈퍼밈은 레베카 코스타의 저서 『지금, 경계선에서』에 나오는 아주 흥미로운 용어다. 리처드 도킨스 박사의 혁명적인 저서 『이기적 유전자』에서 사용한 '밈(meme)'이 더욱 강력하고 확고해져서 다른 모든 믿음과 행동에 영향을 미치는 '초월적 편집자'의 역할을 할 때 그것을 슈퍼밈이라고 한다는 것이다. 그리고 그녀는 엄청난 속도의 기술 진보와 경제적 변혁, 그리고 환경적 위협에 처해 있는 우리 시대를 지배하고 있는 다섯 가지의 슈퍼밈을 제시하는데 그중의 하나가 바로 '극단의 경제학'이다. 극단의 경제학은 현재 우리를 지배하고 있는 황금만능주의, 즉 모든 가치가 돈에 의해서 결정되고 판단되는 우리의 가치관을 뜻한다. 이 슈퍼밈이 우리의 생각을 장악함으로써 지금 수많은 위기들이 파생되고 있다. 탐욕에 사로잡힌 사람들로 인해 야기된 2008년의 글로벌 금융위기, 그리고 종교 슈퍼밈과 경제 슈퍼밈의 대결로 압축되는 중동지역 분쟁, 지금 한창 벌어지고 있는 월가 시위, 남유럽의 경제위기, 국가별·지역별 극심한 빈부격차와 청년 실업 등이 바로 그것이다. 그리고 이렇게 우리를 지배하고 있는 슈퍼밈이 두려운 것은 바로 이런 잘못된 믿음에 우리 모두가 힘을 합쳐 잘 대처하지 않으면 결국 모두가 파멸할 수도 있기 때문이다.

이제 우리는 어떻게 살아야 하는지, 또 무엇을 위해서 살아야 하는지에 관한 우리의 '삶의 의미'를 제대로 정립해야 할 때가 되었다. 글을 시작하면서 말했지만 끊임없는 질문을 통해 올바른 삶의 의미를 추구해나가야 하는 것이다. 이것은 기업도 마찬가지다. 이제는 기업들도 무엇을 위해 어떻게 기업을 영위해야 하는지에 관해 생각해야 할 때이다. 단순히 이익만을 추구해서는 결코 사람들의 마음을 사로잡을 수 없다. 아무리 좋고 참신한 제품이라도 기업이 주는 이미지가 부에 대한 탐욕과 이웃을 배려하지 않는 이기심이라면 어떤 소비자도 그 기업과 공감할 수가 없는 것이다. 물론 기업의 목적 중의 하나가 '이익의 추구'라는 사실을 부인할 수는 없다. 하지만 이제는 이익의 질적 성격, 즉 얼마나 좋은 이익인지도 고려해야 한다. 수단과 방법을 가리지 않고 오직 이익만 추구한다면 그 기업은 결코 오래갈 수가 없다. 이익 추구와 함께 현대의 기업에는 다양한 의무가 주어져 있다. 기업의 사회적 책임, 환경적 책임, 투명성과 윤리 수준 등이 그것이다.

2007년 빌 게이츠는 34년 만에 하버드 대학의 졸업장을 손에 쥐면서 다음과 같은 말을 했다.

"인류의 가장 위대한 진보는 기술 발전에 있는 것이 아니라, 발전을 통해 불평등을 해소하는 데 있습니다. 민주주의 혹은 양질의 공교육을 통해서든, 훌륭한 보건 서비스에 의해서든 불평등을 줄이는 일이야말로 인류의 가장 위대한 업적입니다."

이 연설을 시작으로 그는 2008년 1월 열린 다보스 포럼에서도 같은 취지의 연설을 하면서 '창조적 자본주의'를 주창한다. 학문적으로 뚜렷하게 정립된 이론은 아니지만 세계 제일의 부자인 그가 극단적으로 양분된 세계의 빈부격차를 줄이기 위한 역할을 하겠다는 자신의 의지를 밝힌 것이다. 빌 게이츠는 창조적 자본주의가 정착하면 시장은 가난한 자들을 위해 노력하는 기업을 위해 움직이고, 최악의 불평등을 겪고 있는 극빈층을 위해 작동하고, 국가도 역시 함께 움직일 수 있도록 작동을 할 것이라고 주장한다.

　소비자들은 이런 사랑이 있는 기업에 공감한다. 이제 기업은 정당하게 벌고, 자신이 추구하는 '의미'가 얼마나 따뜻하고 가치가 있는지를 소비자에게 보여야 한다. 그리고 종업원들의 복지는 물론 그들과 하나의 공감대를 형성하는 것도 꼭 필요하다. 직장 내 만족도와 충성도를 조사하는 연구기관인 워커 인포메이션에 따르면 종업원들의 이직률은 자기가 몸담고 있는 회사가 윤리경영을 하고 있다고 느낄 때보다 그렇지 않다고 느낄 때 6배나 더 높다고 한다. 이는 회사가 안정적인 성장을 하기 위해서는 '우리 회사가 바른 가치관을 가지고 있다'는 직원들의 자부심이 필수적인 요건이 된다는 의미다.

　그리고 이런 도덕적 의미를 정립했다면 그 다음은 밝고 즐거운 모습을 보여주는 것도 중요하다. 사우스웨스트 항공이나 미라이공업, 그리고 버진그룹과 같이 재미와 유머, 그리고 도전정신과 모험심이 넘치는 기업을 접하면 사람들도 즐거움을 느낀다. 행복은 전염된다고 하지 않는가?

아름다운 기업이 이긴다

대표적인 자유방임주의 경제의 신봉자이며 노벨 경제학상 수상자인 밀턴 프리드먼은 1970년 〈뉴욕 타임스〉에 기고한 칼럼을 통해 "기업의 사회적 책임은 딱 한 가지가 있다. 그것은 법이 정한 테두리 안에서 주주 이익을 극대화하는 것이다"라고 말했다. 기업에게 주주이익 이상의 사회적 책임을 요구한다면 그것은 자본주의가 아니라 사회주의이며, 자유주의 시장경제의 근본을 뿌리째 흔드는 것이라는 주장이다. 하지만 1980~90년대를 지나면서 많은 학자들이 그의 이론에 강력하게 반발하고 나섰다. 기업은 주주뿐 아니라 종업원, 고객, 납품업체, 지역 사회 등 기업과 연관을 맺고 있는 다양한 주체들의 예상되는 위험을 관리하기 위해 그들에 대한 책무를 져야 한다는 '이해관계자 이론'이 바로 그것이다.

그리고 2000년대에 들어서면서 '기업의 사회적 책임(CSR, Corporate

Social Responsibility)'은 단순한 위험 관리 수단이 아니라 기업에게 성장의 기회를 제공하는 적극적 차원의 전략으로 인식된다. 경영 전략의 대가인 하버드 대학의 마이클 포터는 기업의 사회공헌과 이익은 대립 관계가 아니라 상호보완적인 관계라고 주장한다. 이런 주장은 다음과 같은 다양한 분석을 통해서도 실증되고 있다.

경영 컨설팅 업체인 타워스 페린은 책임 경영으로 이름이 높고 가장 일하고 싶은 기업으로 꼽히는 사우스웨스트 항공, 존슨 앤 존슨, 프록터 앤 갬블 등을 포함한 25개 회사를 심층 조사했다. 이들 기업의 15년간의 실적을 비교한 결과 이들 기업의 주주 수입률은 43%에 달하는 데 반해 S&P 500 기업의 평균 수익률은 이것의 절반에도 못 미치는 19%에 불과했다.

이것을 보면 선한 영향을 미치는 착한 기업들은 고객들로부터 사랑을 받는 것은 물론 더 많은 이익을 창출할 수 있다는 것을 알 수 있다. 그리고 그 받은 사랑과 이익을 주주들과 종업원 그리고 사회에 환원함으로써 사랑의 선순환을 만들고 있는 것이다.

삶의 의미, 일의 의미를 찾아라

삶에서 가장 중요한 의미를 하나 꼽는다면 그것은 바로 '행복'이라고 할 수 있을 것이다. 왜냐하면 사람들로 하여금 무언가를 하게 만드는 원동력은 더 행복해지고자 하는 욕구이기 때문이다. 하지만 극단의 경제학이 온 세계를 지배하면서 행복 역시 오염되고 말았다. 많은 사람들이 '돈'을 행복의 기준으로 삼은 것이다. 하지만 '돈'은 상거래를 위한 하나의 수단일 뿐 그 자체로 결코 진정한 행복을 충족할 수는 없다. 아무리 많은 물질을 갖게 되어도 그것과 함께 탐욕 역시 더 커짐으로써 더 부자가 되고자 하는 욕심을 충족시킬 수 없게 된 것이다.

세계적인 부호 록펠러에게 한 기자가 "지금도 엄청난 부호인데 계속 일을 하시니 도대체 얼마나 더 부자가 되고 싶으냐?"고 묻자 그는 이렇게 대답했다고 한다. "조금만, 조금만 더." 이런 채워지지 않는 욕심이 있는데 그 누가 행복할 수가 있겠는가? 『한비자』를 보면 제나라 환공이 관중에게 "부에는 한계가 있는가?"라고 묻는 이야기가 나온다. 그러자 관중은 "먼저 물의 경우를 보면 우물은 그 물이 마를 때까지가 한계라고 할 수 있으며, 부의 경우에는 부가 충분했을 때가 그 한계이다. 그러나 부에 대하여 만족할 줄 모르기 때문에 계속 욕심을 부리게 되고, 따라서 부의 한계가 있을 수 없다"라고 대답한다. 『채근담』에도 다음과 같은 이야기가 실려 있다. "하늘은 한 사람을 부유하게 하여 다른 모든 사람의 가난을 구제하게 했으나, 세상은 제 부유함에 의지하여 가난한 사람을 능멸한다." 그리고 계속되는 말에 '이들은 하늘로부터 천벌을 받을 죄인이다'라고 강하게 질책한다.

이런 모습들은 지금 전 세계의 기업가, 금융가, 투자자들에게도 쉽게 볼 수 있는 모습이다. 우리나라 역시 큰 부자일수록 수단과 방법을 가리지 않고 더욱 부에 탐닉하는 모습들을 보여준다. 대기업 총수들이 그 욕심에 사로잡혀 부끄러운 모습을 보이는 경우가 얼마나 많은가. 우리는 분식회계, 편법 상속, 비자금 조성, 부당 거래, 가격 담합 등 대기업과 대기업 총수들의 부끄러운 모습들을 끊임없이 보게 된다. 그 모습들을 보면서 우리는 부디 그들이 신봉하는 밀턴 프리드먼이 말한 대로 '법이 정한 테두리 안에서'만이라도 사업을 했으면 하는 바람을 가지게 되는 것이다.

진정한 행복은 목적이 있는 삶, 의미로 채워진 삶을 살면서 그것이 충족될 때 주어진다. 그래서 사람들은 종교에 의지하고 명상을 통해 마음의 평안을 끊임없이 구한다. 그리고 자신이 추구하는 삶의 의미에 따라서 모험하고 도전하는 일을 즐기기도 하고, 어렵고 도움이 필요한 사람들에게 사랑을 베풀고 평생 헌신하는 삶을 살기도 한다. 그것은 일 역시 마찬가지다. 예전에는 일이란 힘든 일, 즉 '노동'이라는 개념이었다. 그러나 감성시대에 일은 즐거움이 되어야 한다. 롤프 옌센은 자신의 책 『드림 소사이어티』에서 감성 시대의 일은 '힘든 재미'가 될 것이라고 했다. 그리고 마크 트웨인은 "일의 법칙은 매우 불공평한 것 같다. 하지만 아무도 이를 바꿀 수 없다. 일에서 얻는 즐거움이라는 보수가 클수록 돈으로 받는 보수도 많아진다"라고 말했다. 그가 170년도 더 전에 태어났던 사람인 것을 생각하면 그 통찰력이 놀라울 따름이다. 이제는 일이 즐거움이 되고 즐거움이 일이 되는 세상이 되었다.

행복한 삶의 주창자 앤드류 메튜스는 사람들이 목적 있는 삶을 추구하는 데는 공통된 영역이 있다고 한다. 그것은 종교, 영적인 삶, 소명으로 삼은 직업, 부모로서의 삶, 그리고 다른 사람을 위한 삶이다. 의미 있는 삶을 살기 위해서는 평소의 삶을 통해서 자신의 존재 가치를 알고, 다른 사람을 이해하고, 사람들과 좋은 관계를 맺고, 가장 즐겁고 재미있는 일을 찾아서 행해야 한다. 그리고 사회적 능력 역시 조직 안에서 개발해야 한다. 동료들과 항상 연결하고, 결속하고, 서로 이해하며 창조적으로 일을 해야 좋은 결실을 맺을 수 있는 것이다. 그리고 자신의 일을 즐거워하고, 그 즐거움을 퍼트릴 수 있어야 한다. 그리고 항상 깨어 있어 변화를 감지하고 당당하고 자신감 있게 열려 있는 모험 속으로 뛰어들 준비를 해야 한다. 그리고 나만의 삶에 집중하기보다는 타인들의 삶에 따뜻한 시선을 가지고 나누는 삶을 살아갈 때 우리는 행복이라는 진정한 삶의 목적과 의미를 충족할 수 있다.

끝으로

통찰과 통합 능력을 키우기 위한 사고 및 생활 습관

1) 사고하는 즐거움을 누려라. 창조적인 능력, 통찰력 넘치는 지혜는 든든한 지식과 다양한 경험을 바탕으로 한 생각의 힘에서 키워진다.
2) 경계 밖의 세계를 탐구하면서 삶의 의미를 확대시켜 나가라. 미지의 세계에 호기심을 가지고 끊임없이 탐색하는 사람이 지식과 기술의 한계를 넘어설 수 있다.
3) 통찰의 순간을 기대하며 다양한 분야에 관심을 갖고 관찰하라. 자신의 기존 아이디어와 새로운 생각이 연결될 때 놀라운 아이디어가 탄생한다.
4) 일상의 순간을 놓치지 마라. 세상을 바꾼 놀라운 생각은 우연이나 행운이라는 옷을 입고 찾아올 수도 있다. 사소한 일상에서도 항상 호기심 가득한 자세를 유지하라.

5) 재미와 즐거움, 그리고 충분한 휴식을 포기하지 마라. 이 모두가 창의력과 연관이 있다.

6) 항상 출력하는 삶을 살아라. 우리가 지식을 습득하고 공부를 하는 것은 입력하는 일이다. 이 지식들이 꽃을 피우려면 삶에서 이것들이 출력되어야 한다. 일뿐만 아니라 다양한 취미를 통해 마음껏 표현하는 삶을 살아라.

7) 따뜻한 관심과 사랑의 마음을 가져라. 그리고 이것들을 항상 행동에 옮겨라. 나누는 사람이 더 행복하고 베풀면 베풀수록 더 많은 이익이 돌아온다.

참고문헌

강미은, 『커뮤니케이션 불변의 법칙』, 원앤원북스, 2008
고이 평화재단, 『깨어 있는 자본주의』, 이수경 옮김, 에이지21, 2010
곤노 노보루, 『아트 컴퍼니』, 유주현 옮김, 이콘, 2010
김광웅, 『서울대 리더십 강의』, 21세기북스, 2011
김영세, 『이매지너』, 랜덤하우스코리아, 2009
김위찬 외, 『블루오션 전략』, 교보문고, 2005
김정진, 『책과 소통한 사람들의 이야기』, 자유로, 2010
대니얼 골먼, 『EQ 감성지능』, 한창호 옮김, 웅진지식하우스, 2008
대니얼 골먼 외, 『감성의 리더십』, 장식훈 옮김, 청림출판, 2003
대니얼 핑크, 『새로운 미래가 온다』, 김명철 옮김, 한국경제신문사, 2006
던킨 폴리, 『아담의 오류-던킨 폴리의 경제학사 강의』, 김덕민 외 옮김,
    후마니타스, 2011
데일 카네기, 『데일 카네기 나의 멘토 링컨』, 강성복 외 옮김, 리베르, 2010
라이언 매튜스 외, 『신화창조의 비밀 STORY』, 이수경 옮김, 웅진윙스, 2008
레베카 코스타, 『지금, 경계선에서』, 장세현 옮김, 쌤앤파커스, 2011
로버트 루트번스타인 외, 『생각의 탄생』, 박종성 옮김, 에코의서재, 2007

로버트 L. 하일브로너, 『세속의 철학자들』, 장상환 역, 이마고, 2005
로버트 브루너 외, 『애플과 삼성은 어떻게 디자인 기업이 되었나』,
    최기철 옮김, 미래의창, 2009
롤프 옌센, 『드림 소사이어티』, 서정환 옮김, 한국능률협회, 2000
류영재, 『한국형 사회책임투자』, 홍성사, 2010
리처드 L. 브랜트, 『구글 웨이』, 안진환·유근미 옮김, 북섬 2010
리처드 포스터 외, 『창조적 파괴』, 정성묵 옮김, 21세기북스, 2003
말콤 글래드웰, 『아웃라이어』, 노정태 옮김, 김영사, 2009
말콤 글래드웰, 『티핑포인트』, 임옥희 옮김, 21세기북스, 2004
모튼 한센, 『협업』, 이장원 외 옮김, 교보문고, 2011
미하이 칙센트미하이, 『몰입의 기술』, 이삼출 옮김, 더불어책, 2003
백강녕 기자, 〈조선비즈〉 2011.11.17
서경식 외, 『교양, 모든 것의 시작』, 이목 옮김, 노마드북스, 2007
스티븐 나흐마노비치, 『놀이, 마르지 않는 창조의 샘』, 이상원 옮김,
    에코의서재, 2008
신병철, 『통찰의 기술』, 지형, 2008
아나톨 칼레츠키, 『자본주의 4.0』, 위선주 옮김, 컬처앤스토리, 2011
안상헌, 『이건희의 서재』, 책비, 2011
야마다 아키오, 『야마다 사장, 샐러리맨의 천국을 만들다』, 김현희 옮김,
    21세기북스, 2007
양재열, 『에이브러햄 링컨』, 선인, 2011
애덤 하텅, 『미래 기업의 조건 CHANGE』, 양영철 옮김, 프롬북스, 2009
앤드류 매튜스, 『그럼에도 행복하라』, 양영철 외 옮김, 좋은책만들기, 2011
에드워드 드 보노, 『드 보노의 수평적 사고』, 이은정 옮김, 한언, 2005
에드워드. H. 카, 『역사란 무엇인가』, 권오석 옮김, 홍신문화사, 1998
우메어 하크, 『새로운 자본주의 선언』, 김현구 옮김, 동아일보사, 2011

월터 카우프만, 「인문학의 미래」, 이은정 옮김, 동녘, 2011
윌리엄 더건, 「제7의 감각」, 윤미나 옮김, 비즈니스맵, 2008
유필화, 「CEO, 고전에서 답을 찾다」, 흐름출판, 2007
윤휘종 외, 「도전하는 이병철 창조하는 이건희」, 무한, 2010
이건희, 「생각 좀 하며 세상을 보자」, 동아일보사, 1997
이규태, 〈이규태 코너 - 막사발 예찬〉 조선일보, 2004
이병주, 「동서양 고전탐사 2」, 생각의나무, 2002
이시형, 「공부하는 독종이 살아남는다」, 중앙북스, 2009
이시형, 「세로토닌하라」, 중앙북스, 2010
이어령, 「디지로그」, 생각의나무, 2006
이재규, 「이미 일어난 미래」, 21세기북스, 2010
이재규, 「한 권으로 읽는 피터 드러커」, 21세기북스, 2009
이지성, 「리딩으로 리드하라」, 문학동네, 2010
정현모, 「유태인의 공부」, 새앙뿔, 2011
존 나이스비트, 「마인드 세트」, 안진환 외 옮김, 비즈니스북스, 2006
존 스튜어트 밀, 「존 스튜어트 밀 자서전」, 최명관 옮김, 창, 2010
최효찬, 「세계 명문가의 독서교육」, 바다출판사, 2010
캐빈&재키 프라이버그, 「너츠」, 이종인 옮김, 마이디스동아, 2009
커트 스펠마이어, 「인문학의 즐거움」, 정연희 옮김, 휴먼앤북스, 2008
한국경제신문 특별취재팀 외, 「창조적 전환」, 삼성경제연구소, 2008
한비야, 「그건, 사랑이었네」, 푸른숲, 2009
황농문, 「몰입」, 랜덤하우스코리아, 2007
楠木建, 「스토리로서의 경쟁전략(일본서)」, 東洋經濟新報社, 2010